汽车设计

Automotive Design

汪镇宇　编著

浓缩美国汽车设计黄金年代的创新形态思维与设计方法
带领进入高端汽车设计领域

中国建筑工业出版社

图书在版编目（CIP）数据

汽车设计 / 汪镇宇编著 . — 北京：中国建筑工业出版社，
2015.5

ISBN 978-7-112-18027-1

Ⅰ．①汽⋯ Ⅱ．①汪⋯ Ⅲ．①汽车—设计 Ⅳ. ① U462

中国版本图书馆 CIP 数据核字（2015）第 076683 号

责任编辑：杨　晓　唐　旭　李东禧
责任校对：张　颖　党　蕾

第一作者：汪镇宇
第二作者：林嘉杰
文　　字：段竣青　巩海宁　戴淑伟
图　　片：王　楫

汽车设计
汪镇宇　编著

*
中国建筑工业出版社出版、发行（北京西郊百万庄）
各地新华书店、建筑书店经销
北京缤索印刷有限公司印刷
*
开本：889×1194 毫米　1/20　印张：10⅜ 字数：212 千字
2015 年 5 月第一版　　2015 年 5 月第一次印刷
定价：**68.00** 元
ISBN 978-7-112-18027-1
　　　（27270）

寄 语

首先感谢我的老师。

我的老师曾对所有学生说过：有三种东西是教不了的：设计、判断和品味。但在创新方面，一个老师可以让学生明白的是：每个人都是有创新血统的，每个人都是设计师。只是当我们对自己的创意和梦不自信，并受旁人质疑时便放弃了，我们没有探索所谓的"不行"。我们要去看一个创意如何一步一步成真的。这在我老师的教学里面有着哲学的意义。

无论是会计、律师或从事其他行业，我们会有很多丰富多彩、奇奇怪怪的想法，但一个想法往往转瞬间就被忘记了，最快的方法是写下来、画出来，最好是做出来。不只是设计师会设计，每个人的血统里都有创新。创意是抽象的，画出来就成真了。怎么把想法或者说创意一步步画出来，做出来，它有一套方法，这就是我要教你的，带领你走向一条路——如何创新之路。以三种不同的感觉沟通：我写字、我画出来、我做出来，把你学到的创新又创新一遍，会找到适合你的一个新的创新。写字，你看可能有不同的想法；画出来，大家会开始明白；做出来，大家会更清楚，即使做出来切片模型其用途也能理解为不同的。美体设计没有对与错，是看谁做出来，然后变成真实的产品。音乐、文字、画画都会表达不同的情绪，但模型更靠近真实。这是一个由概念到真实再到概念再到真实的过程，不同的概念到不同的设计可能性是无限的。

很多人讲到创新，却不知怎么入门，希望大家喜欢这本书，并愿此书在你今后的人生中能起到一些作用。我用自己30年经验，把它凝结成这本教材，希望每个读者都能把心里的创意发挥出来，将世界变得越来越美，我们的设计及产品是创新的而不是抄袭的。

感谢我的所有老师，他们所教授给我的至今沿用，并行之有效。

目 录
Contents

Chapter 01 /

创新设计
Creative Design

创新是以新思维、新发明和新描述为特征的一种概念化过程，是我们好奇、兴趣、质疑、探索出来的概念转化过程，是新奇又疯狂的过程。

创新有三层含义，一是更新；二是创造新事物；三是，改变。创新是人类特有的认识和实践的能力，是人类主观能动性的高级表现形式，创新在各行各业以及我们的日常生活中有着举足轻重的分量。

创新从哲学上说是人的实践行为，是人类对于发现的再创造，是对于物质世界的矛盾再创造。人类通过物质世界的再创造，制造新的矛盾关系，形成新的物质形态。创意是创新的特定形态，意识的新发展是人对于自我的创新。发现与创新构成人类对于物质世界的解放，能把一个梦变成能看到、摸到的东西。实践是创新的根本所在，物质世界的无限性决定了创新的无限性。

电脑下象棋往往是设定了多种可能性的固定程序，人能赢电脑是因为人在下棋时可能故意牺牲掉自己的"车"来赢得比赛。但这不是程序里的可能性，是我们思维的创新，而电脑会学习我们的步骤，进一步促进我们创新出新的步法来战胜电脑。

创新是第六感，人们的感官体验及感受对创新的过程起到很大的作用，每个人的视觉、触觉、听觉、嗅觉、味觉对事物事情的感受都完全不同。因此每个人对同一概念都存在无数不同的可能性，加上人们的第六感—直觉，创新者很擅长用自己的第六感将他的五感包装起来，将得到许多意想不到的可能性。

　　对于创新的解释，社会各界人士都有不同的看法，此系列丛书只是我对创新的看法。我们现在所做的事情往往是我们所有背景积累下来的东西的一种形态，这本书首先是让大家了解什么是创新，其次是怎样把创新从二维到三维再变成立体的东西。我们进入到三维之后才有了现在的电脑等技术，要达到这个转化过程需要找材料、功能、市场、买家等，这些都源于一个形态。创新是一个产品从一个什么都不是的形态，变成可以进入到市场的一个产品，在使用创新产品的人也在对自己的行为生活方式进行着创新。创新是怎么让不存在的东西存在的过程。创新是有目的、有概念的，但是没有想这样的创新以什么样的方式来实现。对不存在的东西以未知的方式来实现，往往会得到比初始设想的结果更多的惊喜。只有持续创新，人的生活环境才得以持续发展进步。人类是一直往前发展的，一直往前看。真正的创新者应该拥有创新的心与魂，不应该对任何想法、概念、梦想予以批评、否定、怀疑的态度，无限的可能性将会推动无限实现的可能。

　　创新是一个中心点迸发出的无数可能。大自然的创新魅力无处不显，一棵树长出完全不同的叶子、不同的花朵，接触不同的果实，创新就像树根，我们离不开它，它永远存在。出这本书的目的是告诉大家，创新不是为了设计，它是一个中心，就像是东西南北总有一个中心。创新有了，设计自然而然地就随着它出现了。创新深入各个领域，是不断积累人生经验所得到的。人们经常会遇到各式各样的困难，有的人选择逃避，有的人根据现实结合自己的经验创新出解决问题的方法。比如创新的大夫会用新的方法来治好你的病，好的律师也会用新的方法打赢一场官司。中医用针灸之法看病，针和灸是两种不同的方式，这也是创新历练出来的。西医眼里我们是化学的，中医眼里我们是自然的，手术麻醉西医用全身麻醉，而中医用穴位控制局部，两者结合创新出局部麻醉。

　　创新是概念到现实的周期性循环发展。"概念—现实—概念"，我们可以用编织物的发展来举例，人类最初使用编织物的想法源于蜘蛛结网捕食，从鸟巢的结构来创造自己的居住环境，是从现实到现实的创新。这种创新源于自然存在的事物创新在另一领域，从此更新的概念随之而来，进入现实到概念的阶段，创新出布料的编织、衣服的编织，这又是从概念到现实的成果。古战场众战士们的铠甲加入钢铁编织的方法，把材料的创新也融合进来。近现代科技发展，在航天技术中需要比钢铁更坚硬、更轻便、更具韧性的材料，于是产生了编织玻璃钢纤维的技术，把编织与材料技术推到另一个高峰。从此推广创新多种复合材料，以符合不同行业领域的应用需求。

　　创新是固执的、天真的。乔布斯说过：我跟着我的直觉和好奇心走，遇到很多东西，后来被证明是无价之宝。他的一生验证了相信直觉，结合五官感受勇敢创新。在 IBM 占据美国打字机市场的时候，乔布斯拿着鼠标对他们说以后所有人都会用鼠标、电脑。IBM 没有理他这个狂妄的人。但是乔布斯相信自己的直觉，和工程师朋友一起研发了电脑，创造了 windows 系统，之后有了比尔·盖茨的微软，才有了现在家家户户在用的电脑。当初的乔布斯当然没想到他的概念会真的实现，人们依赖电脑，但是他一直相信自己的创新理念能变成现实，得到了超乎想象的成就。乔布斯的创新另一方面是生活方式及理念的创新—i image。苹果是创新市场的老大、神父，一呼百应。如果是三星开始的智能机会炒的这么热吗？乔布斯不担心市场，只要 10% 就够了。智能机在苹果之前就有了，是西门子出的。乔布斯是第一个 marketing person，iPod 颠覆了音乐市场，出的时候已经有的各式各样的 mp3，大家之所以还会选 iPod 是因为他的应用简单将创新技术 "touch wheel" 的触摸式感应操控应用到 iPod 系列产品。之后推出的 i image 有电话、照相和音乐功能，其实这些都是为了他所直觉的产品计划—iPhone，2007 年经过多年的技术整合与研发，成功将智能机的概念植入消费者脑中，并将概念现实化。从 iPod 到 iPhone 的过渡，这样无线应用程序的移动终端 iPhone 才更容易被接受，在之后结合 MacBook air 研发出了 iPad，把电脑简化成一个屏幕。从此形成一条创新的产品线。

　　以前的皮克斯使用手绘卡通片，后来找到用来做医学、身体、骨头的电脑软件来做动画，这个电脑工程师也没想到自己的创新能用到做卡通片上。当年的电脑每次保存都要插入新的硬盘存储。他的每个骨头、汗毛都是创新的，不懂没关系，要去学习，创新的人永远觉得自己没有得到，永远不满足，看到什么东西都很好奇，像个小孩，不是因为谦虚才去学习，是因为他喜欢创新所以学习，所以谦虚，我们是倒过来的。乔布斯投资到皮克斯，不管他什么都不懂，将皮克斯的软件带进去，经过不同软件程序的结合之后出现更新的东西。乔布斯的一生主导创新产品的市场，同时也证明了创新者是永不满足的，永远像天真的小孩子，因为好奇而学习，进而谦虚。我们作书也是需要一步一步的，苹果这个例子是大家都能懂的，学生懂了才会有带动力。

创新是一个发展传递的历程。它没有否定与批评，它没有一个东西说不行，它没有批评，它觉得所有无限的可能性会无限的发生、无限存在的，就是可能性。我以前老师教的东西就有这种带动力，1984 年到现在 30 年间我还在用他教我的，我写这本书是想年轻的人也可以用它。虽然我的老师不在了，他教了我速度形态，但我从中悟到的是无限的可能。让我把所学的 old school 的东西带过来，我所看到的我们的未来一代传一代，改变年轻的一代的懒、快、自以为是、抄袭存在的东西。我们的社会生活水平一直在提高，在人类里面有更新、更善、更美的创新。2012 年有 210 万工业设计毕业生，如果我的书可以改变这一部分人或者其中一部分，我们的创新设计也就无限发展，传递到未来。

作为老师对自己的所讲是有责任的，作为一个自豪的设计师，我们有责任和能力去做这件事，如果这本书能对一些学生产生积极影响的话，我希望这个学生也能去影响别人，也许我的学生或看过的学生有可能成为我的孙子或侄女的老师。这个书不是一个工具，是一个容器，每个人从 a 到 b 的路径都不一样，这是一个把你带到下一步的交通工具，人都是往上成长的。没有后悔，没有怨气，没有失败，也没有成功，只是成长。丰富你的经验，专业你的技术，学习怎么去学习，希望这本书能让读者找到共鸣的东西，并带给读者一条创新的道路，让这本书成为读者的交通工具，承载着梦想前往创新的未来。

这种故事更简单地能把我们联系起来。相对来说做车变得容易，不管里面有多少步我都可以做完，最难的还是决定和寻找，找到你的决定，像我的老师说的，这是你的判断、品味、设计。

工具及透视
Tools & Perspective

/ Chapter 02

2.1 工具介绍

　　创新设计从一张草图开始，设计概念的表达需要快速地呈现，这就要求我们熟练掌握各种绘图工具，以达到心手相一的最佳融合状态。

　　不同的设计表现方法需要使用不同专业的工具，每种工具都有其独特的使用方式及使用技巧，我们将详细介绍工具的类别、具体型号、使用方式、注意事项等。对应在下面的章节中会逐一以具体的设计内容来体现，帮助真正领会某种工具所能呈现出的设计效果，并熟练掌握。

在正式开始前，我们需要一张平整的桌子，良好的光线，桌子面积足够摆放以下绘图及工作用具，桌子和椅子的高度能达到如图所示的绘图姿势。

在草图手绘阶段最常使用的是 A3 打印纸（打印店及画材店有售，推荐打印纸品牌 Double A），纸质细腻，适用于铅笔或圆珠笔草图快速表现，其次在后面系列丛书中会相继介绍马克笔纸、彩色卡纸等纸张的使用。

高光笔、水粉颜料、毛笔、修正液作为最终表现工具，水粉具有较强的覆盖力及可塑性，如高光及车身线刻画，结合质量较好的毛笔或水粉笔可长期使用，修正液、水粉颜料或者白色丙烯则用于高光部位的处理。

橡皮、橡皮泥、橡皮笔对于形态的创新，我们是不建议用橡皮的，在创意阶段，橡皮将会阻碍你的思路。但在我们绘画速度形态的时候，橡皮不仅能帮助我们修改线条型面，更可以用来表现起伏高光的效果，橡皮的使用和笔一样有轻重缓急，不同用途时也可修整为不同形状使用。

彩色铅笔、转笔刀、圆珠笔是我们最初的使用工具，用笔的良好控制能达到轻重缓急的表现要求，我们常使用黑色铅笔（辉柏嘉或其他品牌，注意：非水溶性）、普通蓝黑圆珠笔，这两种笔都是能快速以透视黑白关系体现设计方案的实用型必备工具。

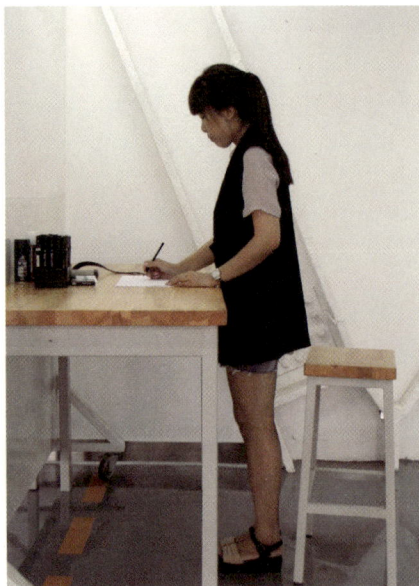

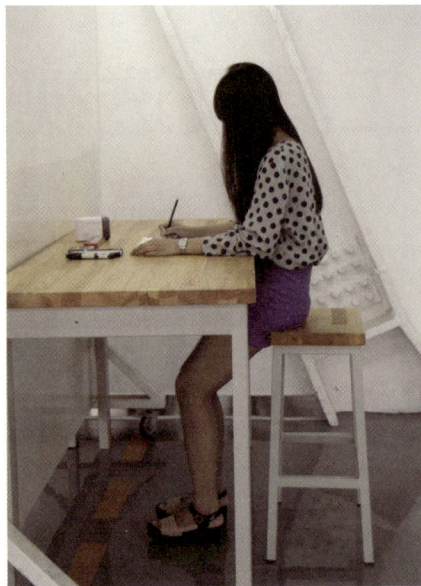

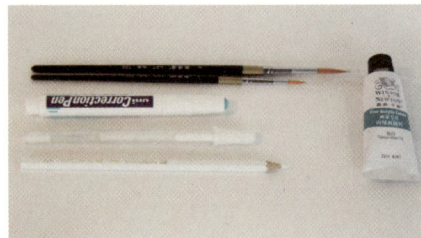

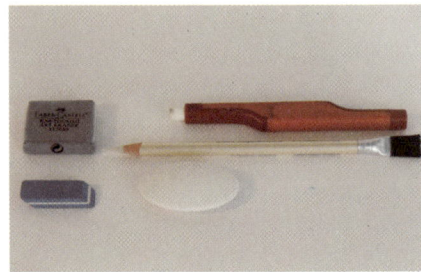

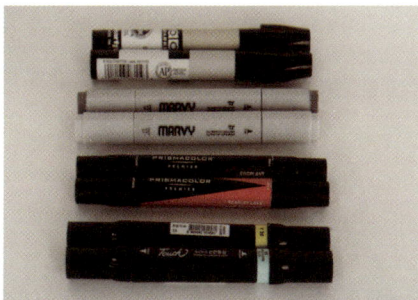

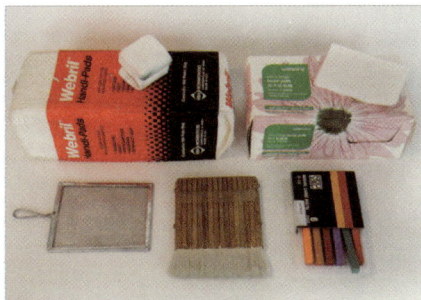

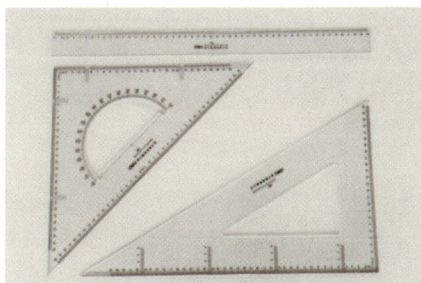

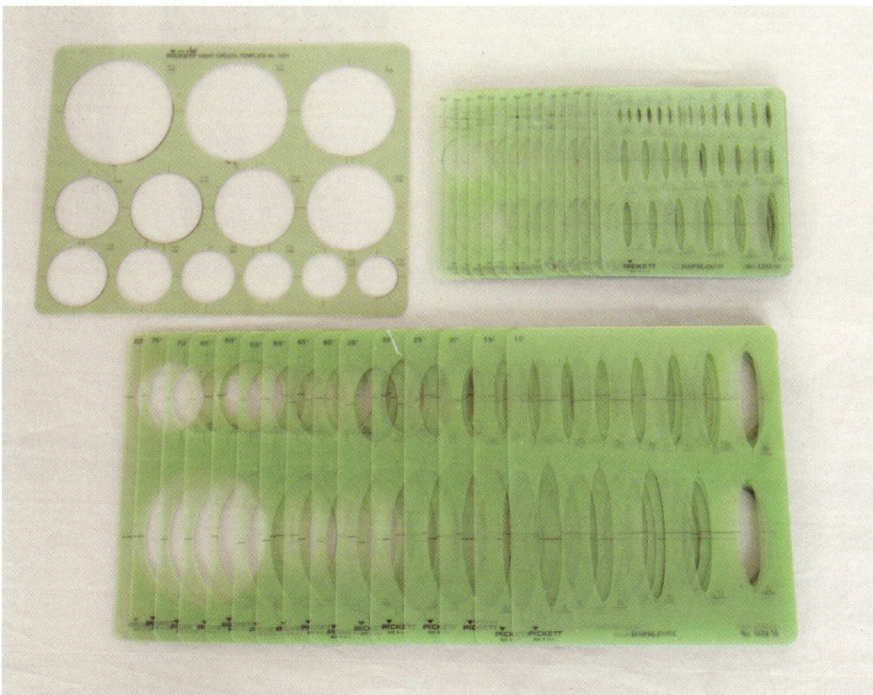

　　马克笔是能最快表现黑白关系的工具，因为它快干，笔触较宽，并且色块重叠后会有不同明暗层次的表现。马克笔分酒精和油性两种。

　　色粉笔、爽身粉、色粉筛、化妆棉、扫把。其中色粉笔作为一种粉质型笔，适于在铅笔、圆珠笔、马克笔后使用，利用粉筛，将其加工成质地细滑的粉末，再用化妆棉蘸取少许爽身粉与色粉掺和使用，达到柔和圆润的表达效果，适用于大面积上色。由于色粉笔为粉质，在使用过程及用橡皮修改过程中，会产生大量粉末，需要扫把来及时清除以防污损画面。

　　三角板、直尺、圆板、椭圆板、曲线尺。三角板一般选择 40cm 左右大小的，直尺需要 50cm 左右的（钢尺或塑料尺）。

在介绍二维绘制工具之后就是三维模型需要的工具。

1.PVC 板或纸板、裁纸刀、裁纸垫、普通型裁纸刀及 11 号手术刀。PVC 板为塑料型的板，质地较硬而脆，裁切后边缘比较容易加工光滑，但由于硬度高，裁切难度较低，一般使用 3mm 的。纸板质地较软，难裁切，易变形，但是厚度选择较多。

2.铁丝、胶水。一般使用 1~2mm 粗细的铁丝，硬度不要太低，不易固定形状。胶水准备 U 胶和 502 胶水。

3.电钻，直、曲线电锯，手锯。

4.防护服、防尘面具、泡沫胶、77 胶、泡沫钢刷。

5.苯板（高密度泡沫板）、木工板（大芯板）、木栓。

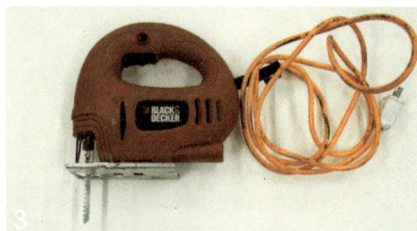

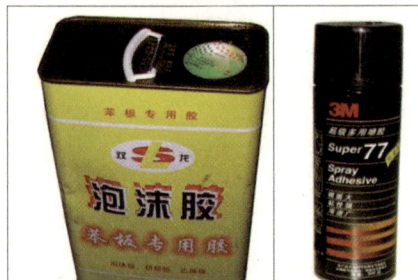

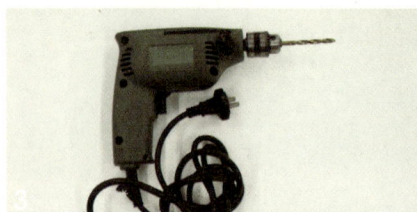

6. 油泥。

7. 油泥烘箱。

8. 油泥刮刀、油泥刀、油泥刮片。

9. 泥胶带不同的厚度可用于不同的表现需求（3mm、5mm、8mm、10mm）。

2.2 简单形态透视

透视是交通工具设计及工业产品，建筑设计等非常重要的基础知识，透视是物体尺度表现的决定性因素之一，透视由眼睛与物体之间的空间距离决定。

我们习惯从类似使用者的视角着手绘图，两点透视是我们在汽车设计各个阶段使用最多的透视关系，可表现设计方案的多种透视角度。其次是一点透视，多用来表现侧顶视图。

本章节中只介绍简单的透视法则，在后续系列丛书中，会讲到车辆的透视，轮胎的透视等。

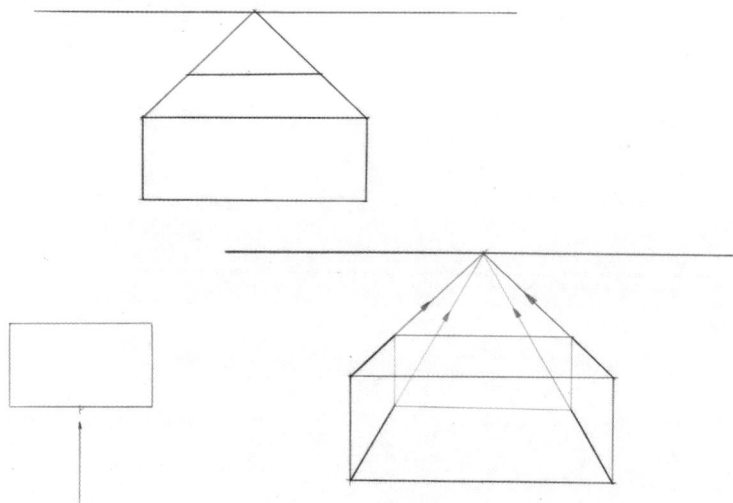

2.2.1 一点透视

　　我们看一个物体，比如一个盒子，当我们处在如图所示的位置（人与物体位置关系为顶视图）时，可以用一点透视来画出这个盒子。

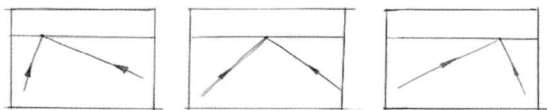

　　如果需要表现出物体处在同一地面上，我们需要设定一条地平线，假设物体的透视消失点集中在地平线上的一点。

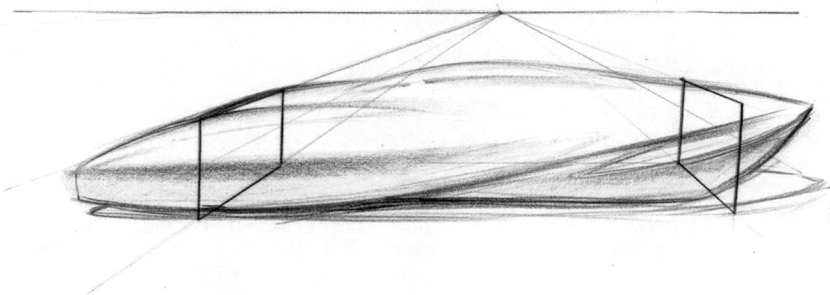

2.2.2 两点透视

如果物体仅有铅垂轮廓线与画面平行，而另外两组水平的主向轮廓线，均与画面斜交，于是在画面上形成了两个灭点，这两个灭点都在视平线上，这样形成的透视图称为两点透视。

当我们与物体处于如图所示位置时，可以用两点透视来表达，首先画出垂直线，平行方向的线都消失于左或右消失点。

学会两点透视，并在系列丛书中继续了解如何应用到汽车设计基础绘图中去，把本节知识点学习透彻，将使后面的学习变得更加容易。

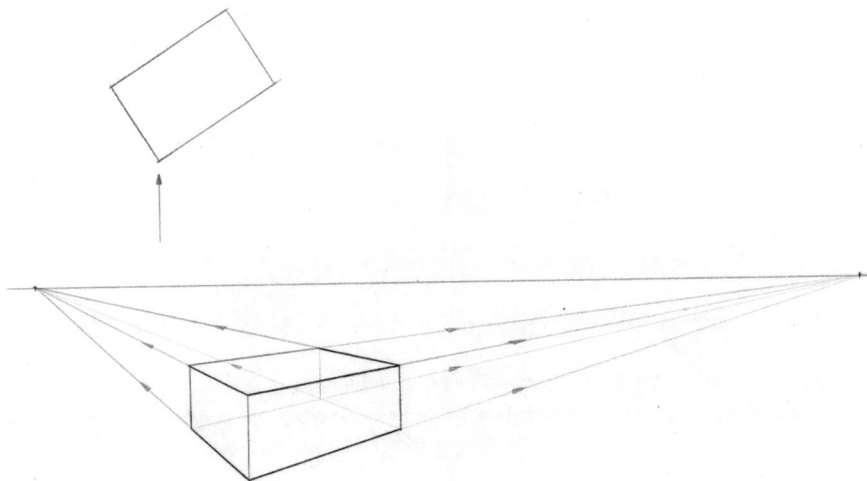

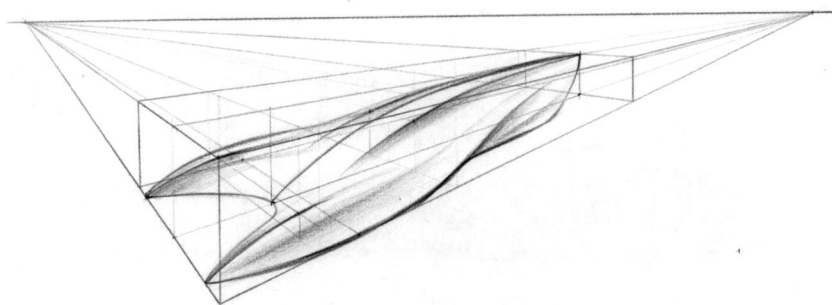

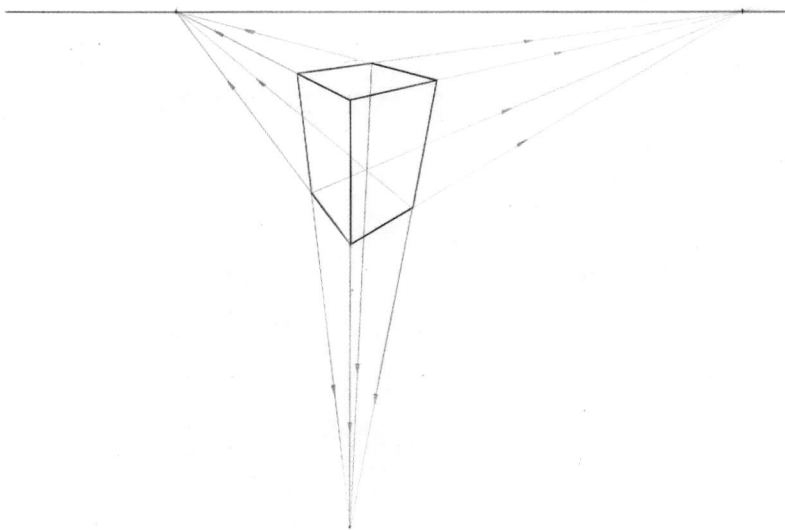

2.2.3 三点透视

　　由于三点透视表现的人与物体位置关系比较特殊,一般用于超高层建筑,俯瞰图或仰视图,应用于大尺度空间体的设计表现.是汽车设计中很少用到的透视,所以在此不作详细介绍,达到理解程度即可。

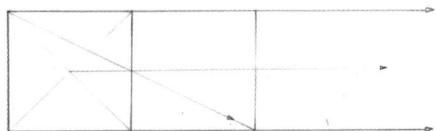

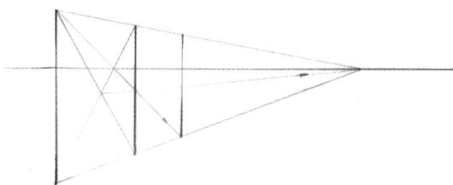

2.2.4 中线与对称透视

　　这种画法是综合了透视法与截面表现,是交通工具及工业设计常用的草图绘制方法,选好需要表现的角度,利用以上透视法则逐步画出来。

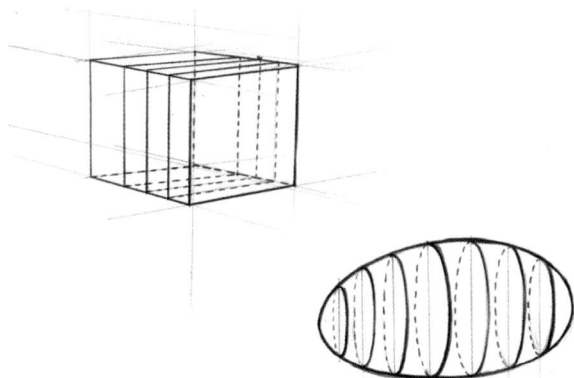

　　当我们需要描绘相同形体在透视空间中的表现,当我们在透视中观察物体,会产生渐变,我们按照如下步骤来寻找透视中相同形态的变化规律。

2.3 圆的透视

汽车设计中，通常情况以车轮作为确定比例的依据。

车的总长、总宽、总高及轴距在绘图过程中是以轮子为单位来确定的，是一种粗略的计算方式，例如跑车、轿车、越野车的轴距分别是多少个轮子，车高多少个轮子等。本节圆的透视是我们要学习的重要内容。

首先我们来学习几个关于圆的透视的基本知识点。在没有透视的椭圆上可以画出两条使椭圆左右或上下对称的线，其中长线我们称为长轴，短线称为短轴，两条线总是互相垂直。椭圆旋转角度，长短轴始终一起旋转并保持垂直。长轴与短轴的焦点为椭圆的中心点。

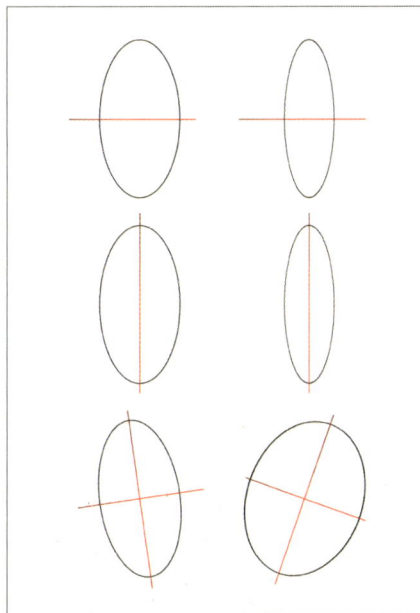

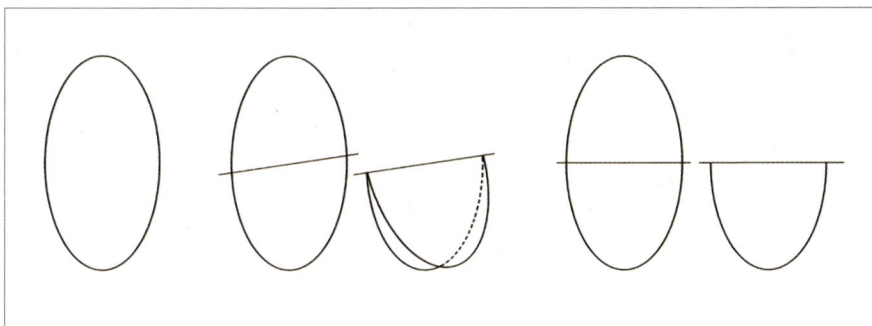

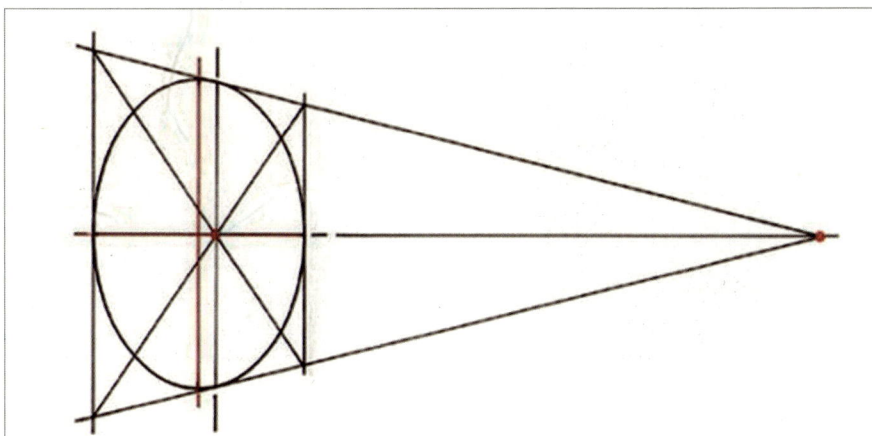

画圆的透视，首先要画出透视下的方形，在透视角度下，椭圆的长轴会随透视发生视觉上的移动，中心点也会随之移动。画出连接两个对称点的线，找到透视下的圆的中心点，我们就可以画出圆的长轴，短轴在消失点和中心点的连线上。

2.3.1 圆的多角度透视

通过观察同一圆的多角度透视，我们可以理解车胎在设计中的表现原理。

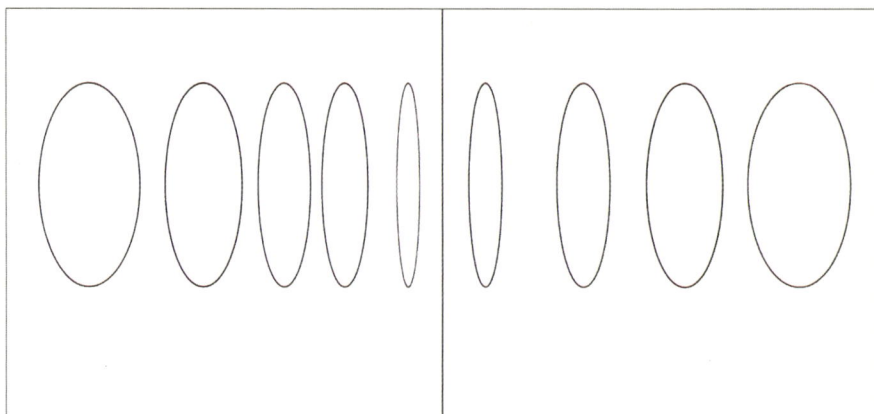

2.3.2 车轮的透视

轮子的透视可以理解为若干圆的透视组合，首先从立方体的透视入手，找出每条相关的透视线就能确定每一个圆的透视关系。

在透视绘制的初级阶段，需要耐心按照透视步骤画完每一个圆，在经过长期的练习之后可以省略一些繁琐的步骤，但仍需保持最基础的透视轴线。

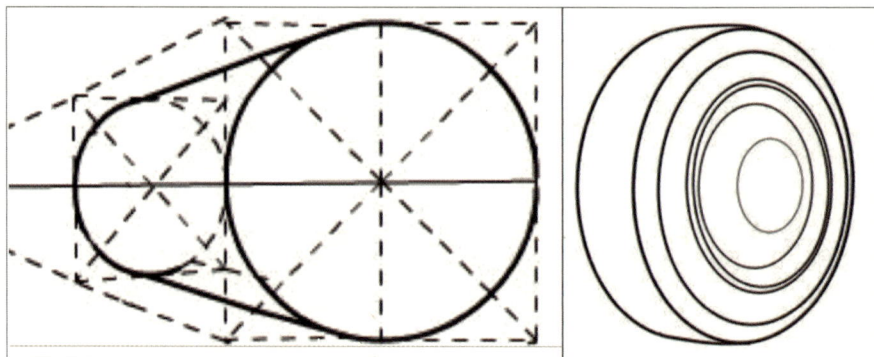

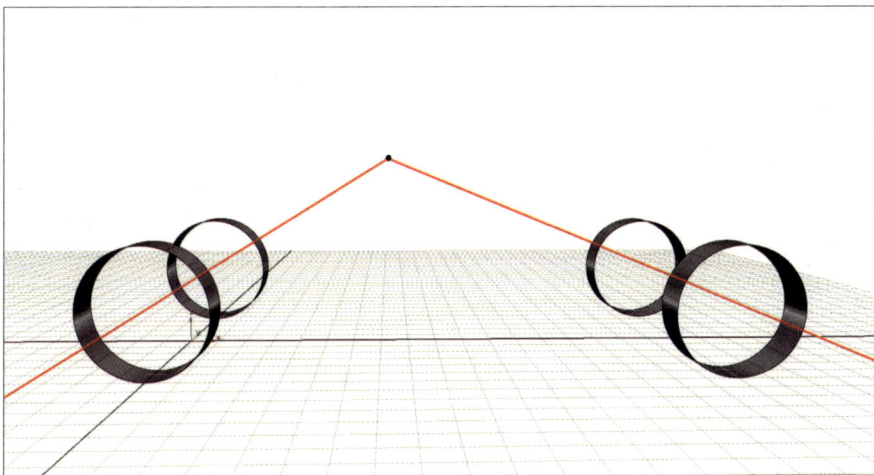

2.3.3 车轮的一点透视

　　在绘制一点透视时，需要注意近距侧车轮和远距侧车轮的透视形状及大小的区别。按照我们第一章中讲到的一点透视法则，画好基础圆的透视后，画出胎面，轮毂等细节。

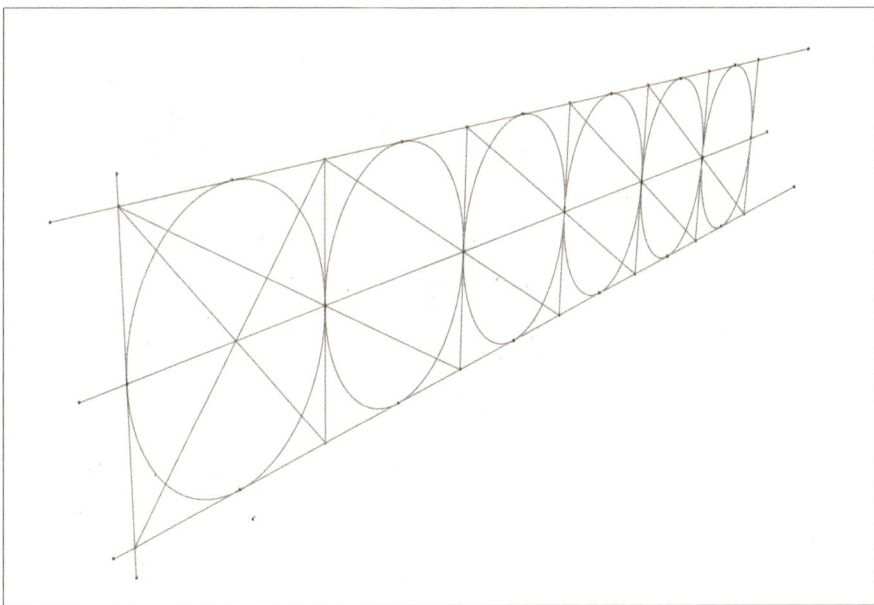

2.3.4 车轮的两点透视画法

　　我们首先找到无透视情况下的等圆排列的规律。

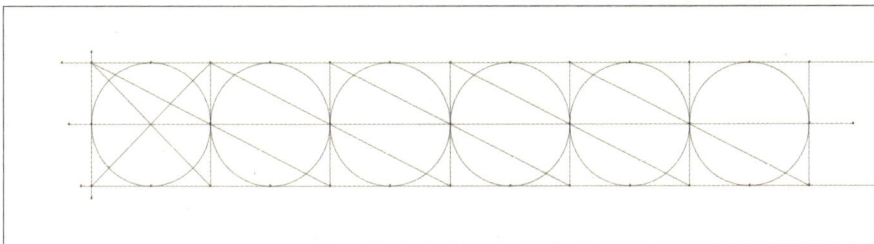

和一点透视相似，首先画出基本透视线，按照两点透视法则，依次画出透视中不断变化的等圆。注意这时的圆的长轴会与红色透视线垂直，并与对角线有一个夹角。

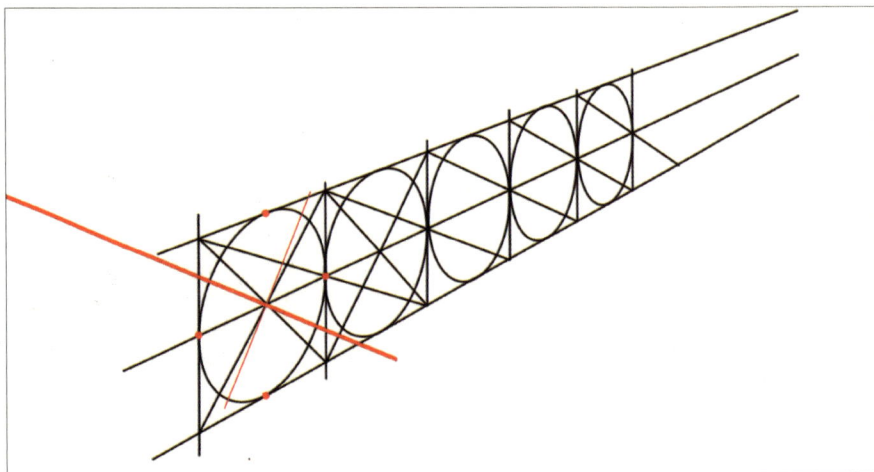

首先画出 x/y 向的两点透视的基本透视线，按照上一部基础的圆的两点透视，按照两点透视圆的画法画出一侧车轮，用对称法做到另外一侧，找到基本圆。

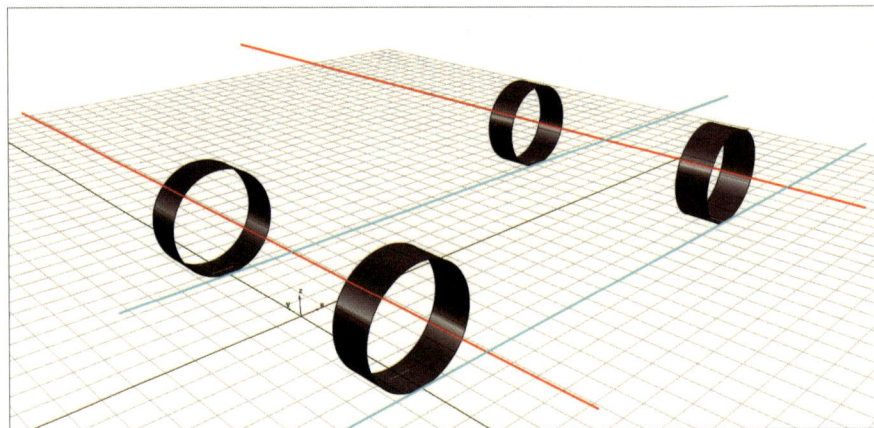

画出两侧车轮的胎面及转折，依照两点透视圆的画法和等圆排列原则，画出近侧的轮毂和远侧轮毂。

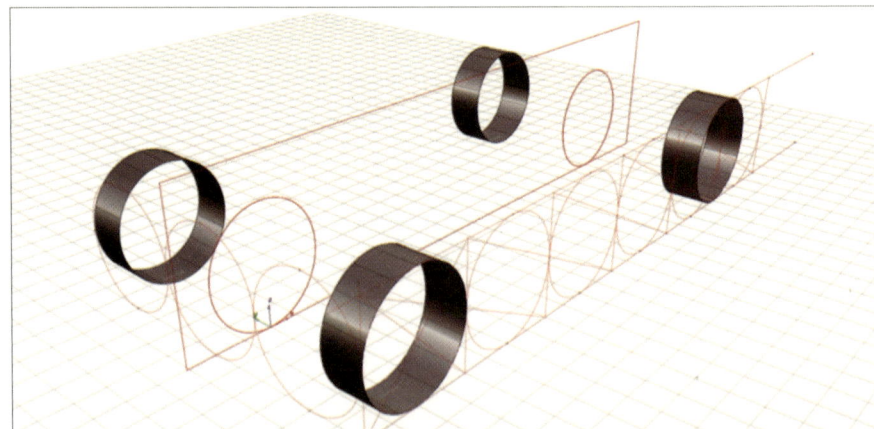

2.4 简单车型透视

　　通过基础形态透视的练习，锻炼自己的空间思维能力，让空间形体构成与手绘能力产生联动，进而准确地表达设计意图。本节介绍简单的车型透视，通过在草图中确立空间坐标轴，寻找空间中形体转折的空间节点，连线构成空间曲面。必须经过反复训练巩固空间思维能力，让所想即所绘，进而在复杂多变的形态设计中得心应手。

步骤一

　　画出表现形态所需的透视线，注意两透视的同方向线要有相同的消失点。

　　注：虽然盒子式的透视画法显得很枯燥，但是在大家没有把握的阶段仍然需要画出来。

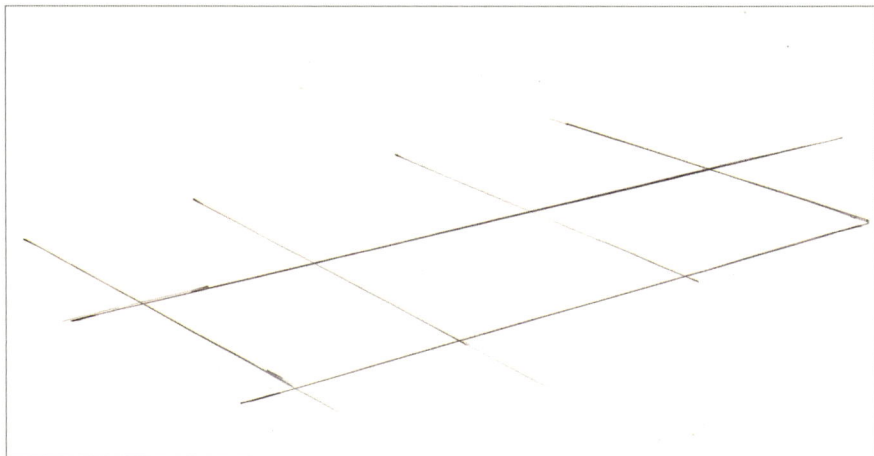

步骤二

　　画完透视线后，在 x/y/z 坐标空间中画出你所要绘制的形态的中线，也可以理解为画出你要的形态的侧视图轮廓线。然后在 z 向画出顶视轮廓线。

　　注：画顶视线是我们一般选择近距侧的线。

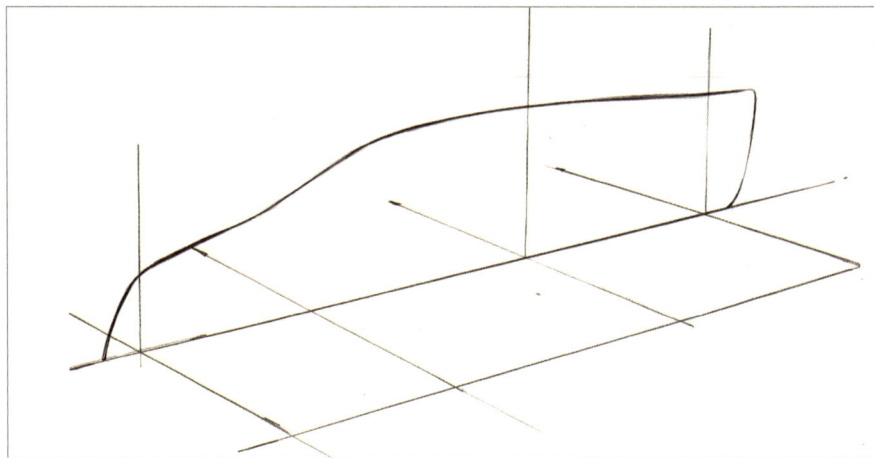

步骤三

　　在准备好中线（侧视线）和顶视线后，我们准备画出形态的前视截面线。首先做出依照侧视线和顶视线的盒子，如果需要更多的截面线，先要添加更多的透视线并找到与顶视线的交点，做向上的垂线。如右图所示找到若干截面。

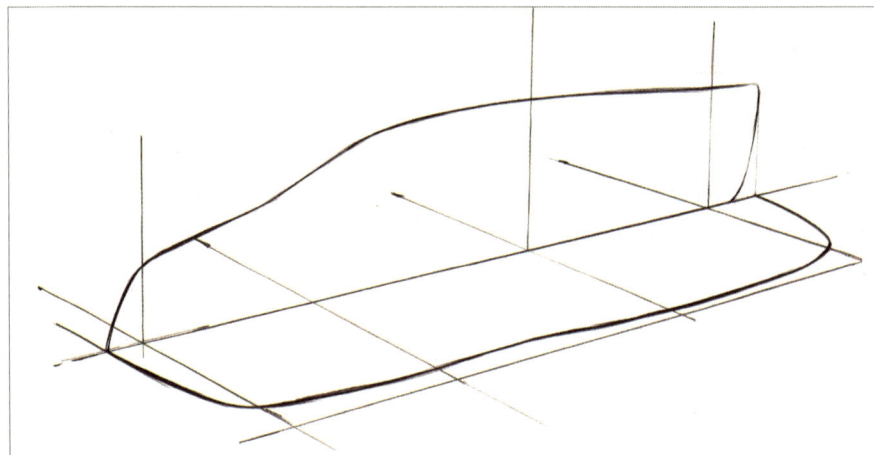

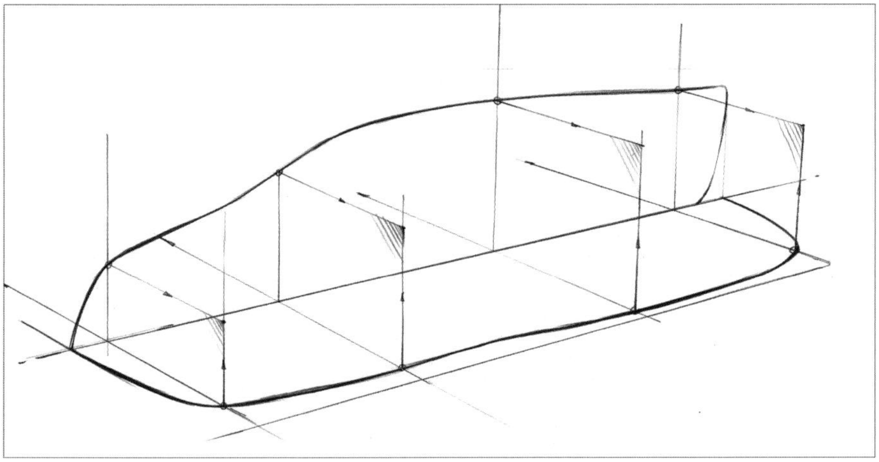

步骤四

　　用我们之前学过的盒子透视对称法将一侧 z 向透视线对称到中线另一侧。

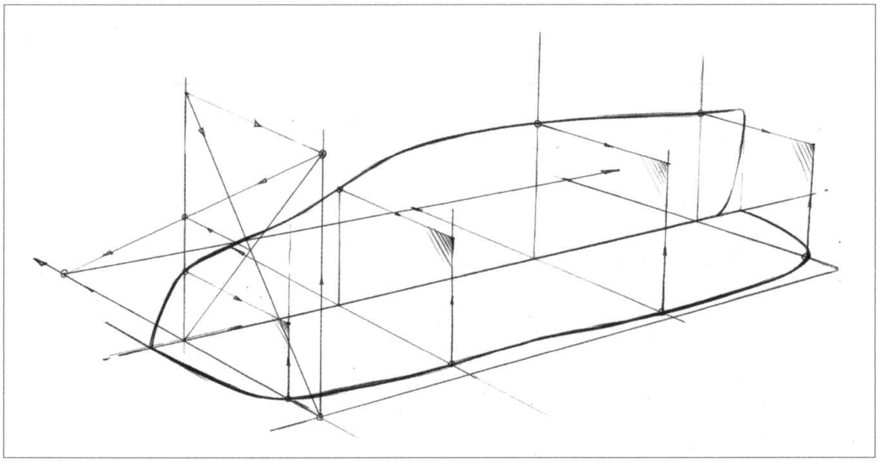

步骤五

　　把顶视线的点尽可能多地对称到另一侧。

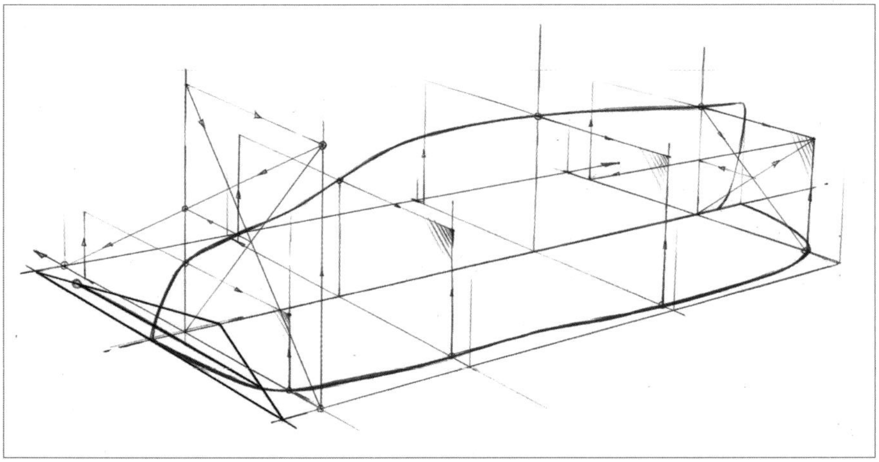

步骤六

　　较难的部分是画出前面的对称线，我们将用到更多的对称法。

　　首先找到较近的顶视线上一点，连接底面方形顶点与此点并延长至与中线相交，在连接焦点与另一侧方的顶点，最后以所选点做透视线与对称侧连线相交的点就是我们要找的对称点。

步骤七

　　画出对称侧的点后，连接他们画出对称侧的顶视线（z 向线）。

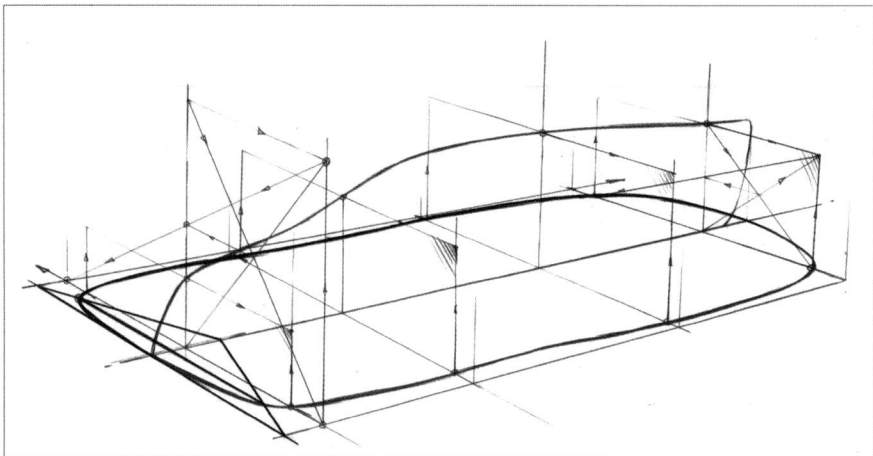

步骤八

　　按照从前到后的顺序，依据做出的截面画出所在每一个截面的曲线，继续以对称法找到另一侧截面曲线上的点，这一部分人需要保持右脑清晰，绘制过程中保持画面干净、线条清晰，以防混淆。

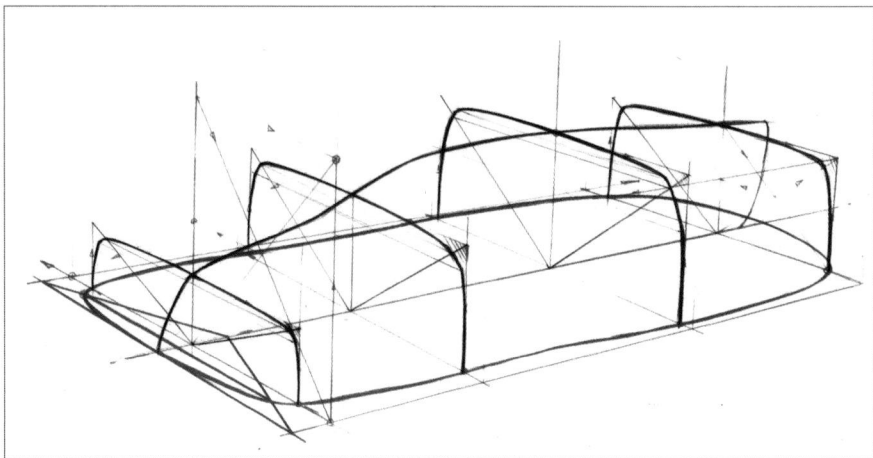

步骤九

　　到此阶段，我们可以以对称点画出透视角度下另一侧的边缘线。

　　以上作图步骤都是我们以透视法及对称法绘图的基本步骤，画完一辆完整的汽车需要更加细致精密的画法，我们前期学习练习过程，一定要理解并掌握，在长期的练习积累下可以在逐渐简化步骤的情况下正确表现自己的设计形态。

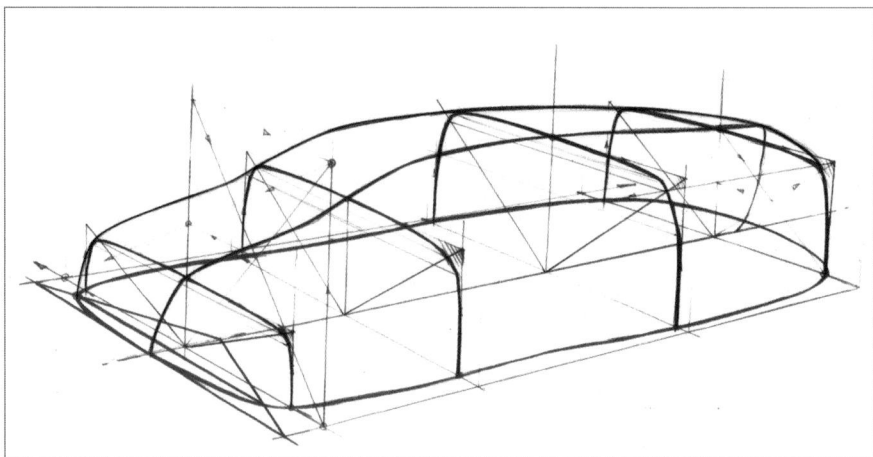

2.5 光源与明暗关系

光源设置的不同光影效果及光影下的黑白灰关系，产生明暗变化，也是形体转折和体积感的体现。

最初学习阶段，我们需要在画面中画出光源方向，有助于我们对整体光线影响下体面的表达，具体分析同种光源下的不同形态的投影，及相同形态在不同光源下的黑白关系。

如右图所示：
同一光源方向下，不同形状物体的投影方法。
同一物体相同光源条件下的不同角度的光影关系。

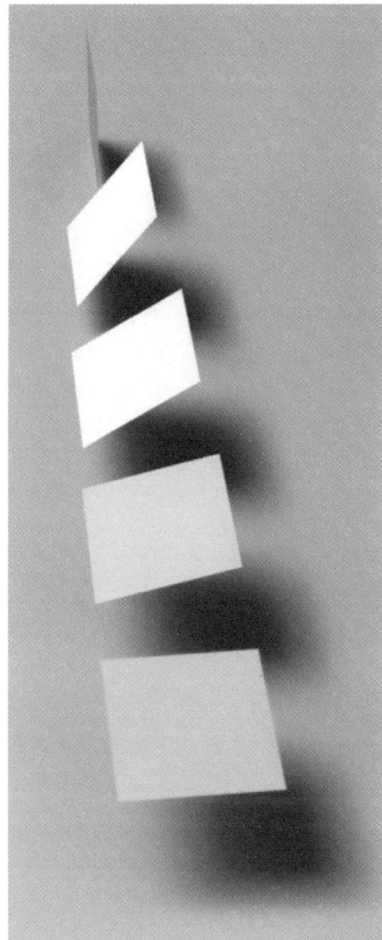

速度形态
Speed Form

Chapter 03 /

　　本章主要向大家介绍速度形态的创新设计和以速度形态为主要对象的设计步骤示范教学。通过对速度形态创新设计理念的介绍，结合工具的介绍与使用、基础透视法、草图绘制、四视图绘制、切片模型制作等过程来完整的讲述我对创新设计的理解。

　　最终设计往往源于最初的灵感。

　　速度形态就是以一个点出发生成无限的概念设计的载体，即最初的灵感。速度形态是从概念出发，抽象形态表现，探索衍生而来的。她因人而异，每个人心中都有一个与众不同的速度形态。

　　在这里，我们将要学习的是用创新的方法去设计而不是以已有的形态进行改造，这是速度形态设计的创意无限可能的灵魂所在。正如自然界中人类的发展，科技的探索。宇宙万物虽然千变万化，但都可以分解成为点、线、面、体等基本要素形态。物体的形态不仅包含物体外形，还包括了物体的内在结构。而形态的视觉直观性是我们感受物体、想象物体、创新物体的主要出发点之一。

速度形态设计是一种设计方法、设计手段、设计思想，并不是一种程式。

物体本身就有动与静之分。汽车是实现由 A 地到达 B 地的根本载体。速度形态是其不同的展现方式。速度形态即是具有速度属性的或者速度视觉感受的有机体或几何形体。不具备速度属性或速度视觉感受的形态则是单一形态，单一形态所处的环境将固定地影响该形态对人们的感受。如最常见的手机、电脑、鼠标、电冰箱、衣柜等，除了功能、材质等产品品质要素外，该产品在任何环境都给人同样的感受；然而速度形态在不同环境、不同时间将给人不同的感受。正如：下滴的水滴、风吹的枝叶、烟、云、雾，而更贴近人们使用的是汽车、游艇、飞机等交通工具，这些具备速度形态的物体，由点、线、面、体的组成并在不同空间、不同时间、不同节奏均给人们不同的感受，而且这种速度形态在静止的时候也会给人们带来将要运动的趋势，给人们更多想象、发挥的空间，引发穿出更具透性的设计结果。

设计师往往按着对任务和目标特性的了解来产生适应多种要求的设计，并试图从中找到能源于自然，打破传统的力量，其实就是在固定功能所承载的固定形态里寻找新的形态载体。但速度形态是一门看似简单却贯穿整个设计领域的专业知识体系。从认知速度形态的创意头脑风暴到深度解析，抛开任务和目标的特性，从无到有的形态创新，都赋予其任务和目标的特性，进而将形态进行二维及三维转化。整个体系将对延伸到诸多设计领域的专业素养产生重要的影响。

3.1 速度形态分类

速度形态可以分为有机形态、线性形态、综合形态三大类，每种形态都具有其最突出的特点，并且在我们的生活中随处可见。我们将其分类以便更好地让您去了解速度形态及运用，充分领会速度形态学习的意义。

速度形态也会依照特性来分类。在实际运用过程中多种形态的融合各取所长，突破技术问题使之得以真正实现。速度形态设计将把创新设计引向更加广阔的发展空间。

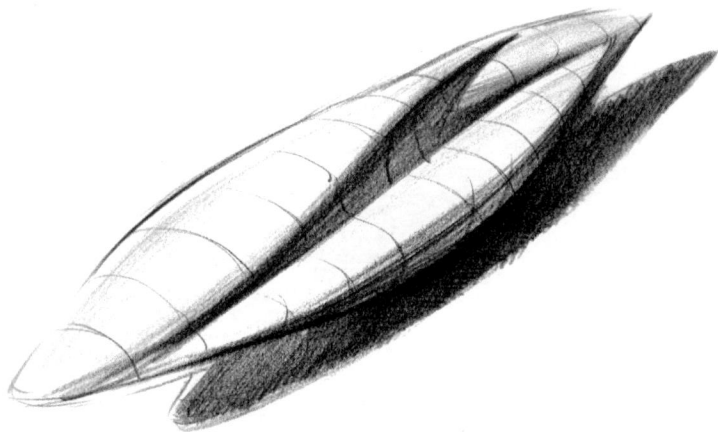

3.1.1 有机形态

　　"有机"拥有蕴含生命力的意思。从造型的角度去分析，有机的造型会给人一种柔和、细腻、舒畅、自然、生长和发展的视觉和心理感受。

　　自然界中我们会发现许多有机形态的生物，它们形态千变万化，无处不在。通过学习有机形态的特质及了解有机形态在现实生活中各个领域的体现，进一步阐述古往今来有机形态在设计发展中产生的巨大影响。

　　我们在这里学习到的有机形态是一种具有流线美感、速度感、视觉冲击力的一种整体造型，更加强调曲线美的形体。比如：人体、水滴、海豚等等。一种生物所具有的特殊外貌，它的形式、构成核心都是"道法自然"。

　　有机建筑出现于20世纪初，是现代建筑流派之一。受到自然和生物有机形态的非线性和创作动机的灵感，建筑在视觉上是富有诗意的、易变的、特质的、环境决定认知的。它体现了环境、人和建筑的和谐统一。

3.1.2 线性形态

"线性"是一个广义的数学或物理概念，从数学上线性（linear）指量与量之间按比例或成直线的关系，是一种对条件的理想化界定。

我们在这所讲的线性形态不仅如此，也泛指有棱线的形体，线性形态就是指型面转折棱角分明，形体多强调边缘或整体，以线分面的形态的集合，从这个角度我们便可以了解到"线性"这个词所具备的理性分析成分很强。线性在造型艺术上给人带来的感情色彩就是冲击、刺激、尖锐、有攻击性。

在汽车造型中经常用几何面所形成的线性视觉的表达方式呈现形体的形式感，其中兰博基尼最为明显运用了线性形态造型语言。

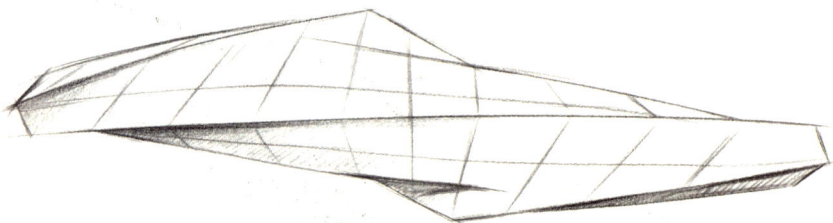

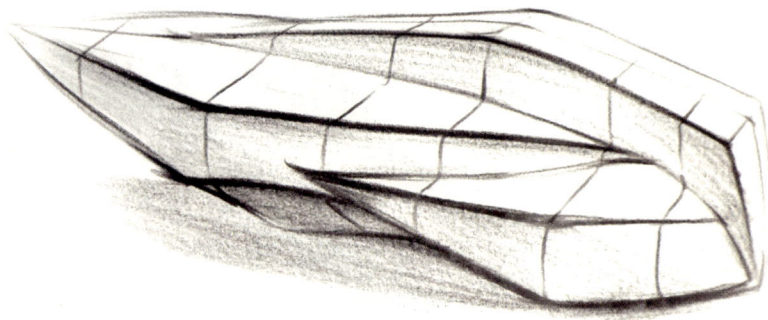

3.1.3 综合形态

　　自然中没有完全单一的形态，综合
形态就是有机形态与线性形态按照一定
的形式美原则，以适当的比例进行结合。
在一个组合形态的造型上，我们既能发
现有机形态的美感也可以找到线性形态
的特征。

　　在造型设计中综合形态更好地利用
了有机与线性的优势，很好地平衡了造
型时形体刚柔并济之美。两种形态的结
合相辅相成，对比之下这使有机形态更
柔美，线性形态更具冲击力。

　　在实际的设计工作和学习中我们最
多运用的是组合形态，在组合形态的大
量练习中我们很大程度上可以感受到一
个近乎完美的造型不是完全由灵感而
来；每一根线的反复调整，形体比例的
不断修整，一次又一次视觉感受分析，
历经这个不断创新的过程才使得造型完
美呈现。

3.1.4 速度形态延伸

　　速度形态还可延伸至形态的生长与突破，试想海豚冲出水面的瞬间，平静的水面激起的水花，手指戳气球，或者拉扯一块柔软的布料等等，这时会有一个新的形态生长出来，带给我们速度与神秘的美感，即使形体被遮掩，也迸发出更多的可能性，具有了全新的面貌。

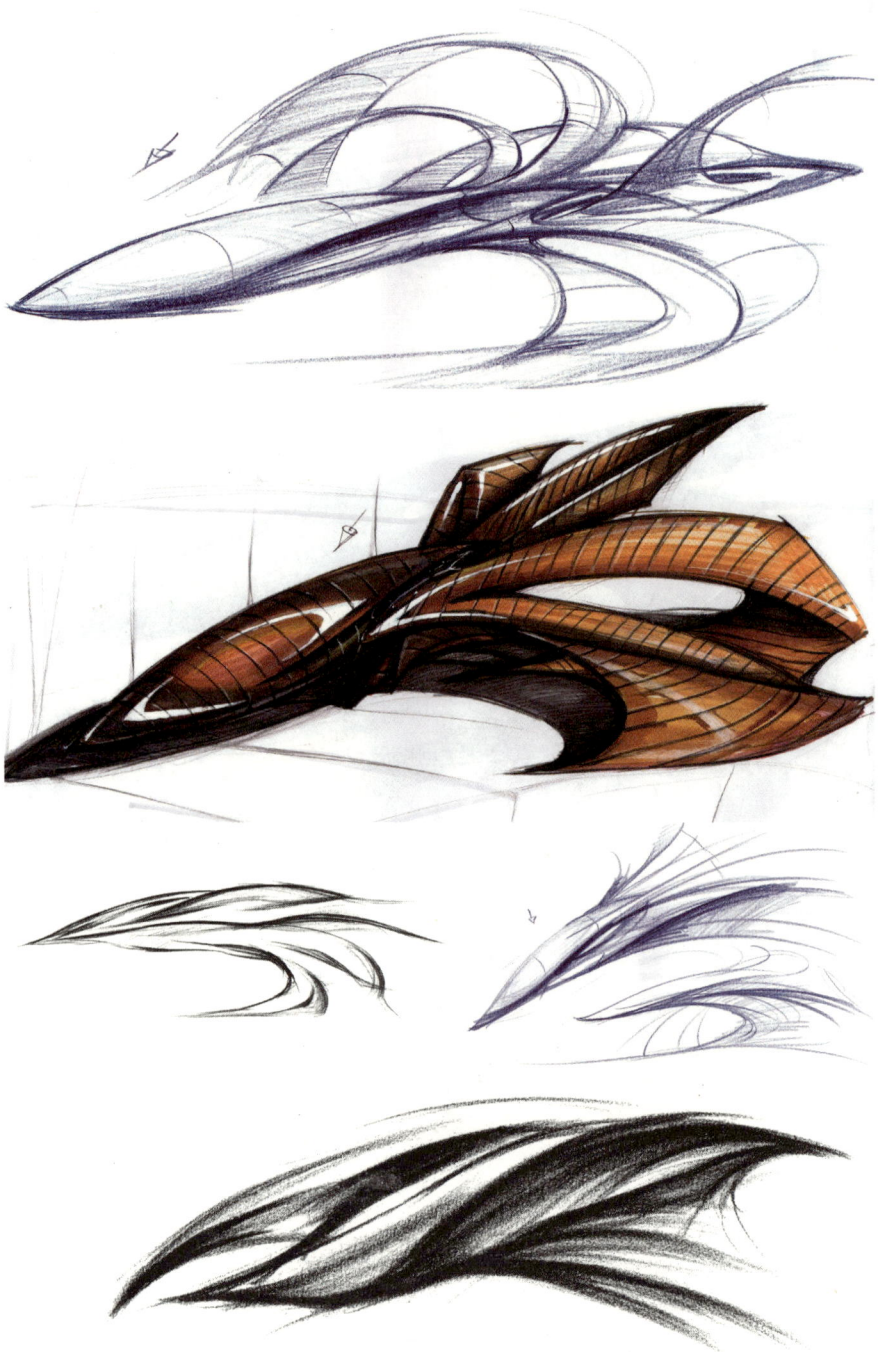

3.2 速度形态绘制与实践

3.2.1 草图绘制

本章我们重点学习草图绘制的准备及详细的绘画设计过程，从最简单的形态入手，做到清晰和有条理的教学示范，希望大家在本章节中学到这门重要的设计方法。

草图是最好的表达方式。

设计创意往往是从草图开始的，在创意过程中草图可使思想保持灵活开放，草图可以是单一的，也可以是发展演变系列的。创新的灵感有时是短暂的，必须尽快把它记录下来，画出来。一张灵活有力的草图是在瞬间产生的，即使你想再画一张同样的，也是不可能的。每个阶段的放松程度是不同的，推敲草图的过程中也针对概念的讨论技法有更多新想法，其次草图的调整过程也是思维发展过程的呈现。

在今后的工作中与不同部门、客户的交流过程中，快速草图有助于沟通和理解。草图也是在遇到问题时最快的解决方式之一。大量快速的草图可以为解决方案提供最佳创意方案。草图的准确与否直接决定了我们概念与设计的统一程度。熟练掌握本节知识会帮助大家达到设计与概念的统一。

注：随时用草图记录创意想法是良好的创意设计习惯。

有机形态草图绘制示范

步骤一

先画出透视线、中线及比例线，注意初学者尽可能多地做辅助型透视线。

步骤二

用彩色铅笔或圆珠笔勾勒出速度形态的外轮廓。注意放松自己的手臂，可先在纸上做放松练习，随意轻松地用笔画出各种线条。待进入放松状态可进入草图绘制。

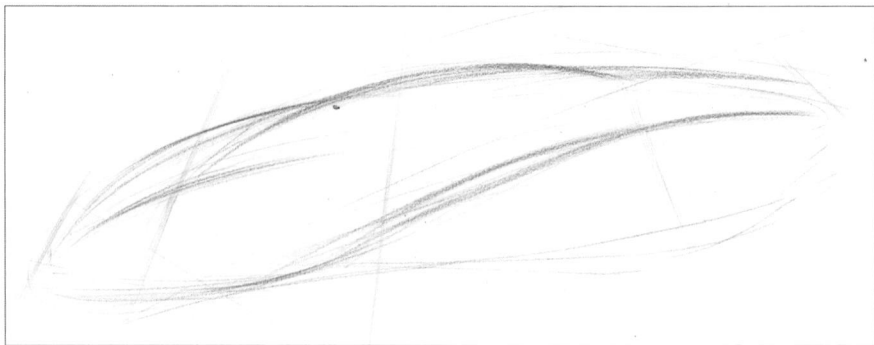

步骤三

画图过程中要注意线的粗细、远近虚实关系。强调形态特征与结构部分，做到主次区分。

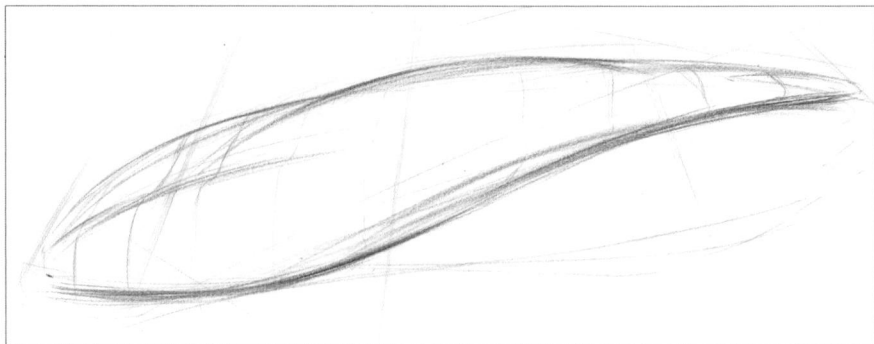

步骤四

画出形体转折的切面线，清晰表达速度形态的转折面，随着形体面的转折，切线也具有虚实关系（颜色不要太深以防影响整体形态表现），切记整条切线不要雷同死板。

线性形态草图绘制示范

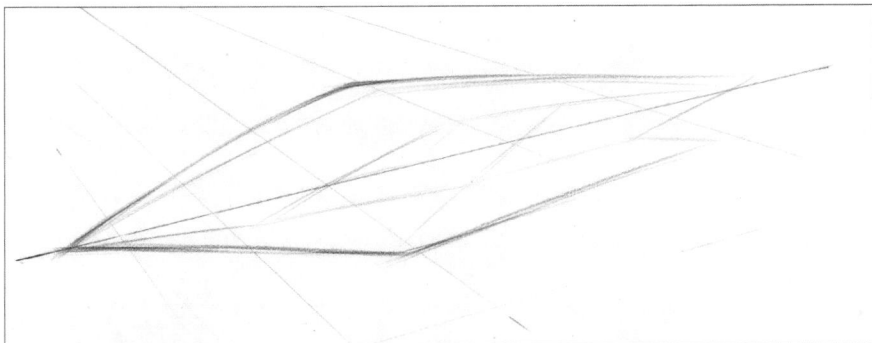

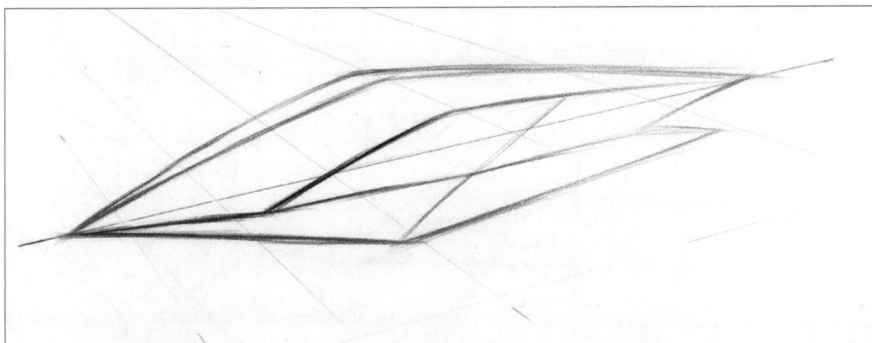

综合形态草图绘制示范

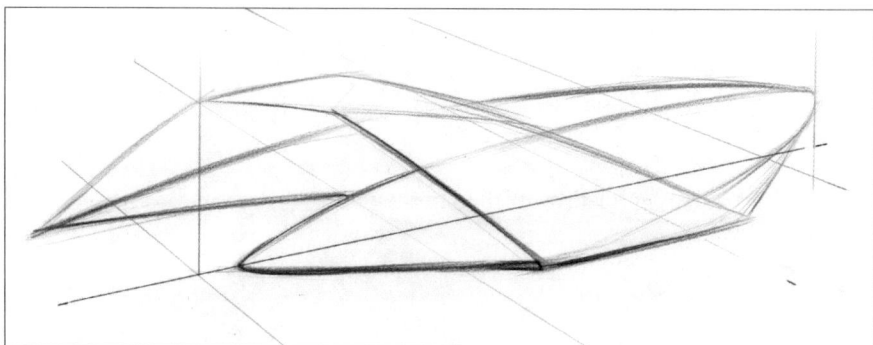

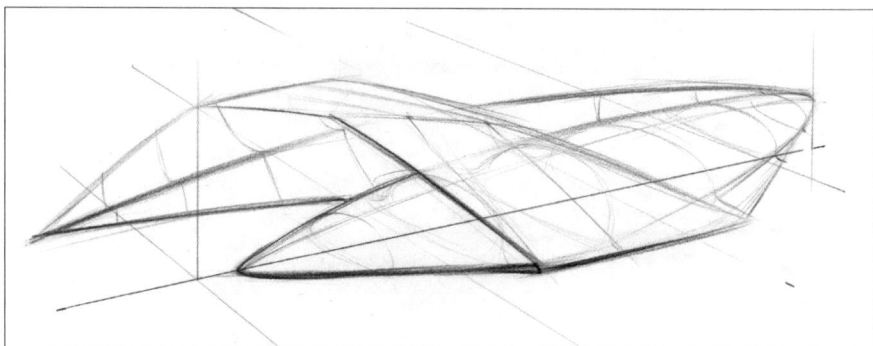

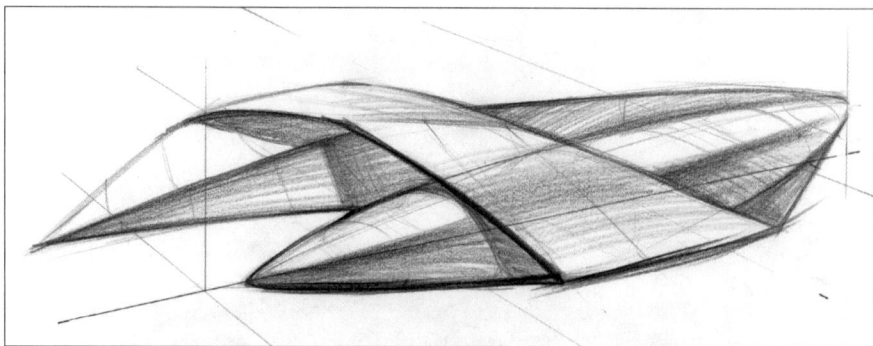

3.2.2 四视图绘制

四视图在学科中也称"工业制图"。四视图是以科学和数据的方式把我们创新的设计现实化的一个过渡工具。

四视图可以最直观地展示设计不同视角的形态。在建筑、时装等各个设计领域、制造行业中都有着不可或缺的作用。它是从设计效果图向产品制造转化的一个重要环节，是一件优秀的作品成为一件真实产品的重要依据。同时，我们在这部分的学习中将会了解到专业的绘图要求，深入地了解自己的设计，并改进对自身设计理解的不足。

几何意义上的四视图与我们这里的四视图是一致的，它是从正、侧、后、顶视四个不同的视角按照一定的比例，以没有透视的单线表现方式来绘制设计。在这个阶段中，我们的思维从原来感性的草图表现转变为理性的分析翻译，将概念草图转化为可以制作模型的数据图。这个过程将会加深我们对自身设计形态的全方位的理解，在自己的脑海中形成关于自身设计形态的多角度认识。

四视图是汽车设计专业学习的重要部分。它贯穿汽车设计各个课程（从速度形态到后期的方程式赛车设计，到内外饰设计，到毕业设计，再到行业中的样车成品），无一例外。我们在追求设计创新的同时，也要掌握理性的四视图的绘制能力。双管齐下，只有这样，我们才可能更好地将创新的设计理念与严谨的成品制造结合起来。这是我们创新学习的重要需求。

线性形态草图原稿

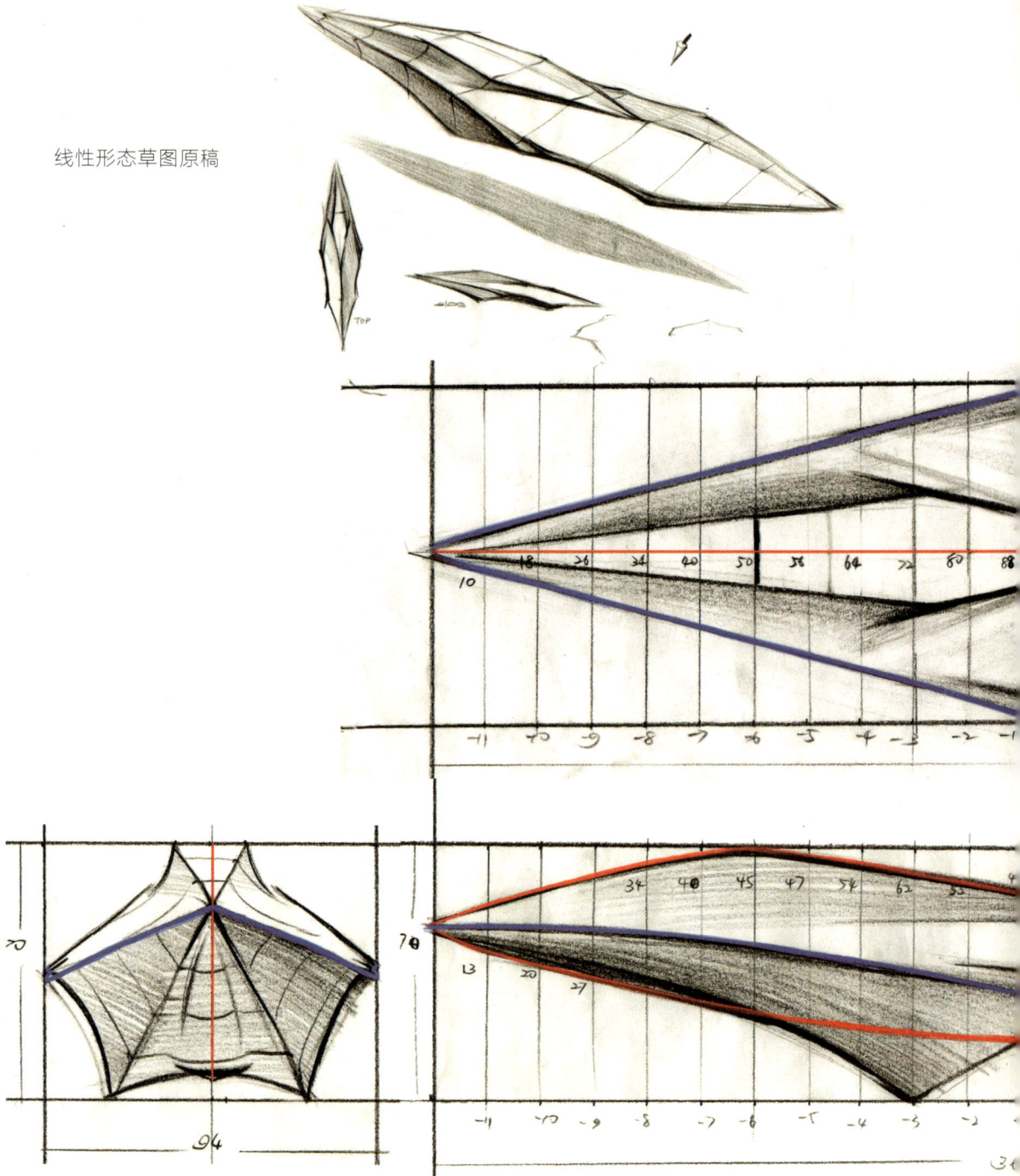

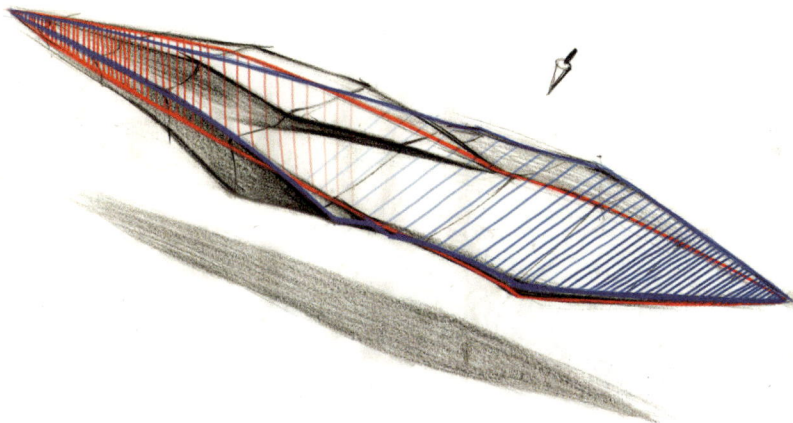

线性形态四视图

注：相应颜色的线在不同角度的形态轮廓线。

红色：侧视轮廓线，蓝色：顶视轮廓线。

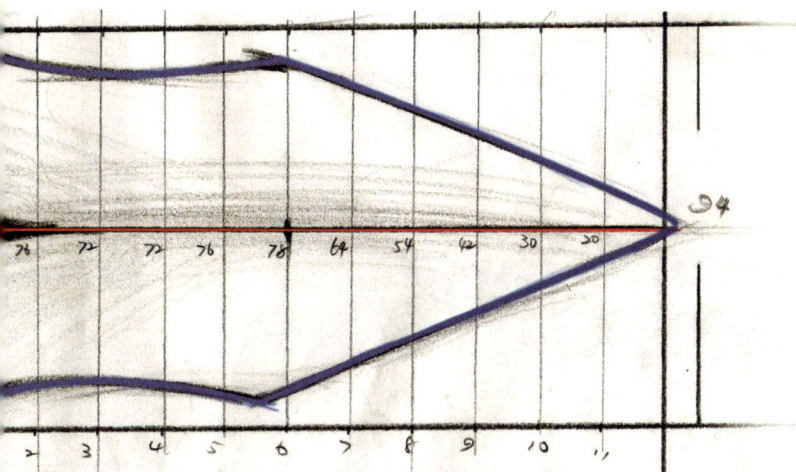

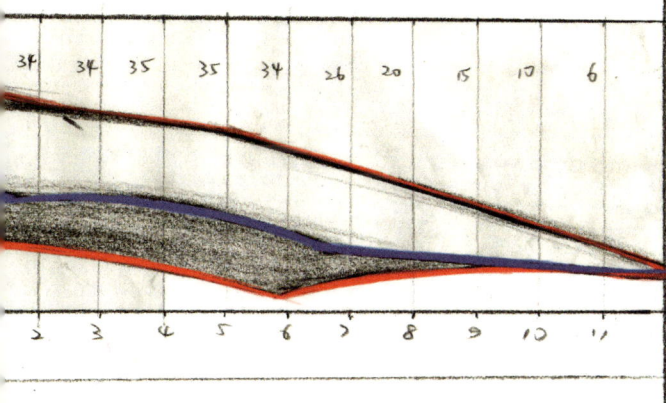

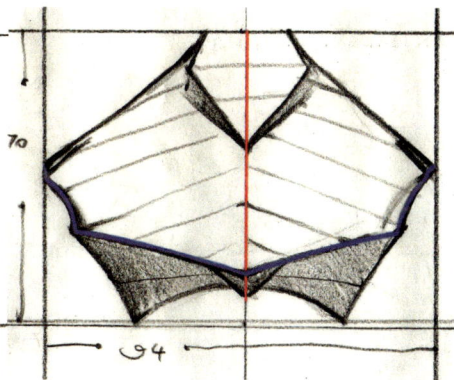

43

绘制步骤

首先请大家准备好合适的工具来完成本节学习，通常情况下我们使用非水溶性彩铅。四视图的基本要求：与概念图完全一致，保持概念草图的设计感；四个视图的线要对应吻合，刻度精准。

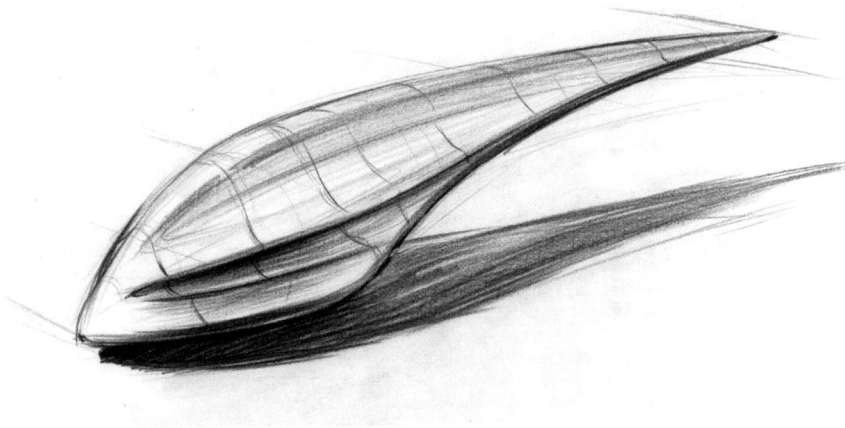

步骤一

先画出尺寸网格和侧视图，按照 10mm 或者 15mm 为单位长度，画平行竖线。

从上一章节完成的概念草图中选取一张，以纵向竖线为底图，如图所示，完成效果图的侧视线稿（总长度与模型长度一致，比例为 1∶1），或者大家可以先勾勒完成线稿，后将刻度线画出。

注：大家在绘制线稿时要保持原稿草图的灵动性，不要被线局限住，避免在划线过程中的生硬死板与缺少活力。在四视图中的每一条线都同样需要注意线的趋势走向、虚实缓急，要张弛有度。

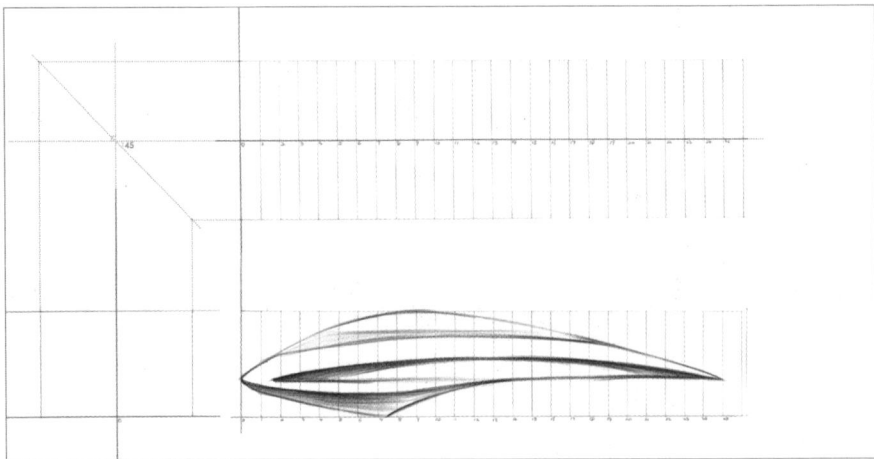

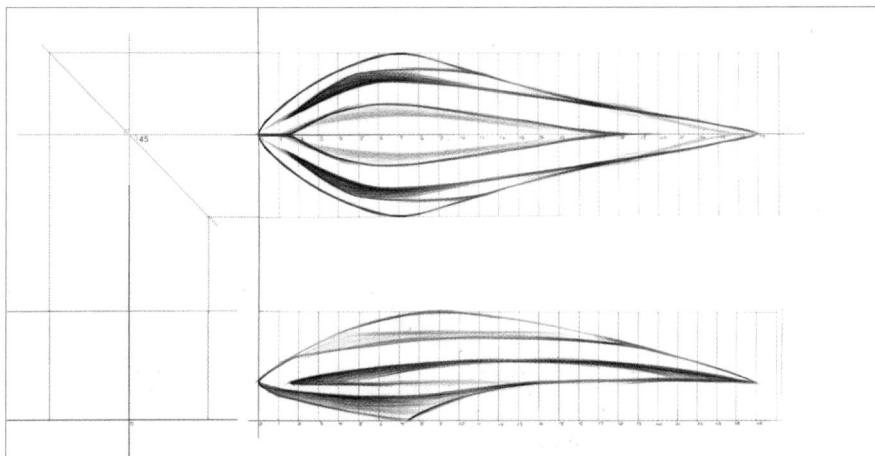

步骤二

以侧视图线稿为基础,向上延伸,完成顶视图的绘制。同时也要通过线的灵活来保持形态的生命力。

注:顶视图的绘制过程中应留意模型宽度及线的曲率变化,这是大家要凭借判断和对透视图原稿的深入理解与设计来完成。

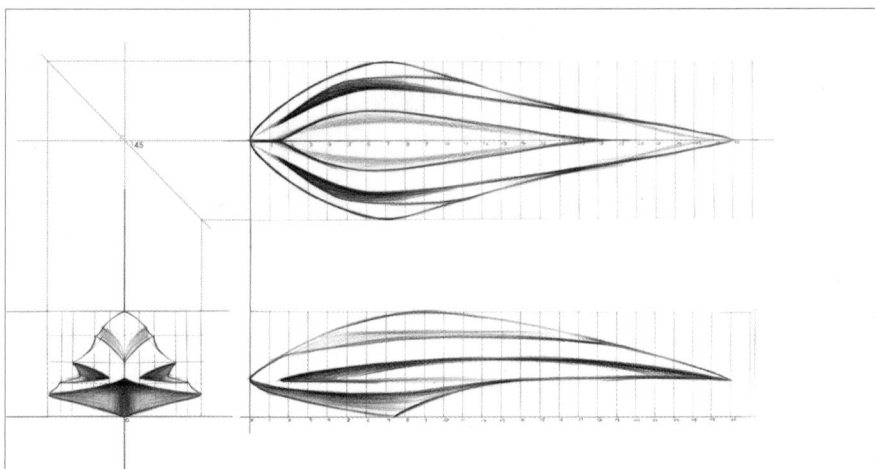

步骤三

在我们已有的侧视与顶视图的基础上向左(即向模型的前方)延伸,完成前视图的绘制。以前视图的中心线与顶视图的中心线相交的点为中心作 45 度直线,将顶视图的特征线向左延伸,通过 45 度线向下投射至前视图,将侧视图的特征线向左延伸至前视图,以圆滑的曲线连接确定的点,完成前视图。

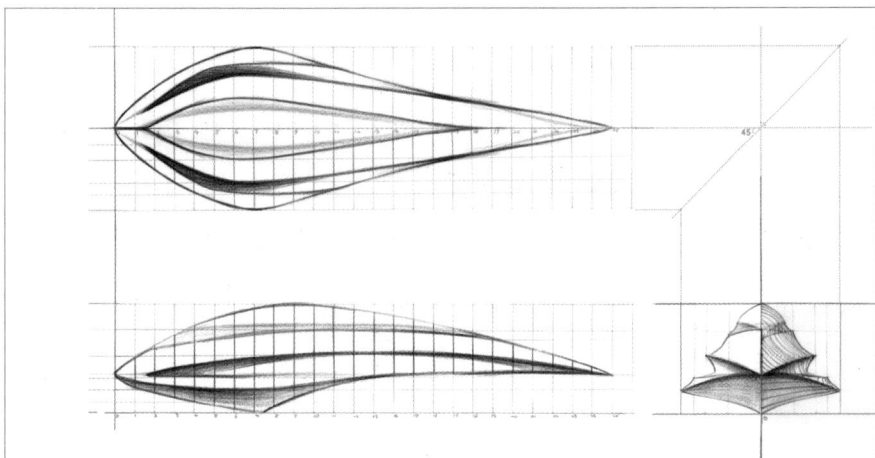

步骤四

用与步骤三中相同的方式完成后视图的绘制。

步骤五

　　四视图最终完成效果。

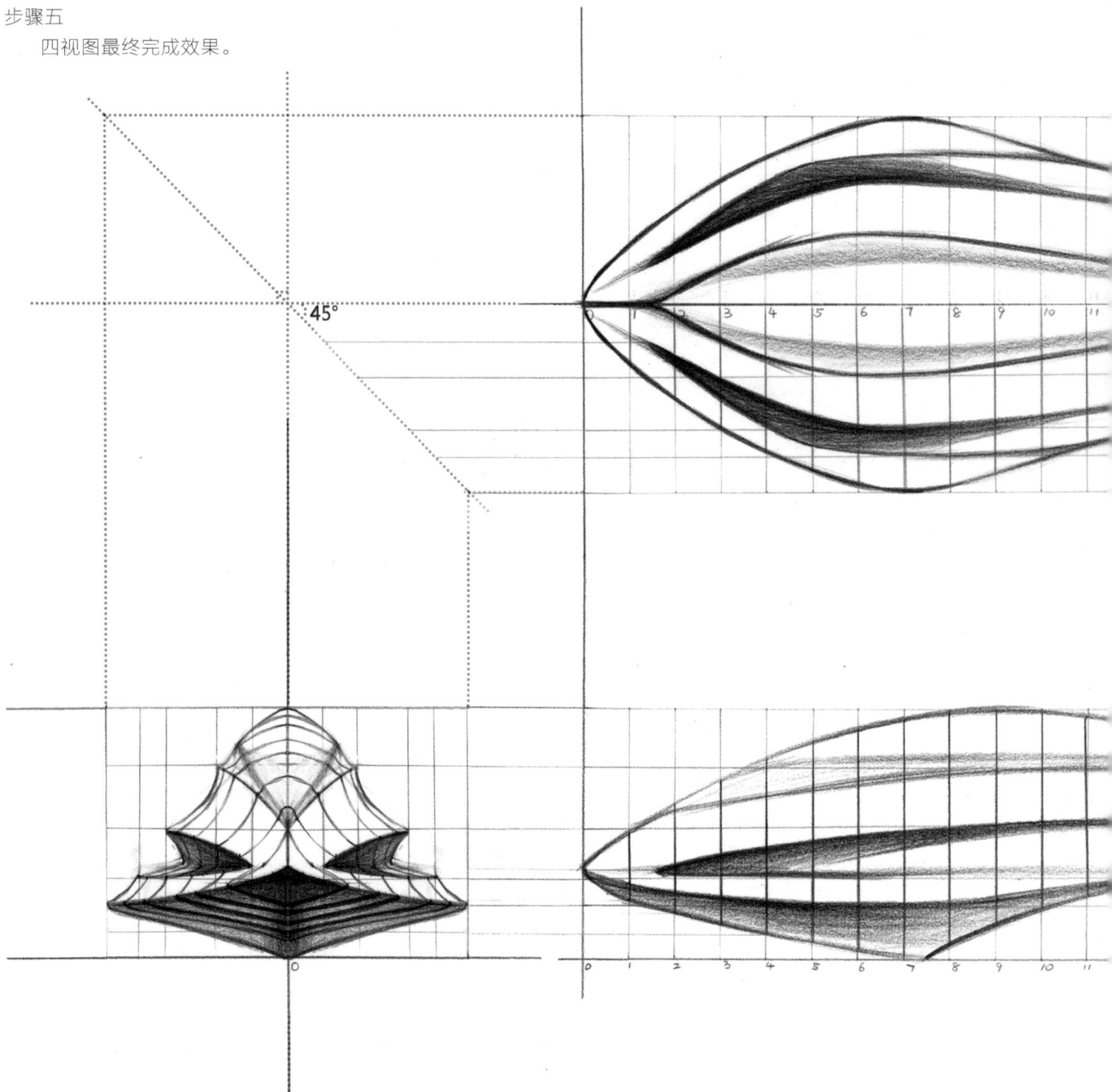

45°

0 1 2 3 4 5 6 7 8 9 10 11

0

0 1 2 3 4 5 6 7 8 9 10 11

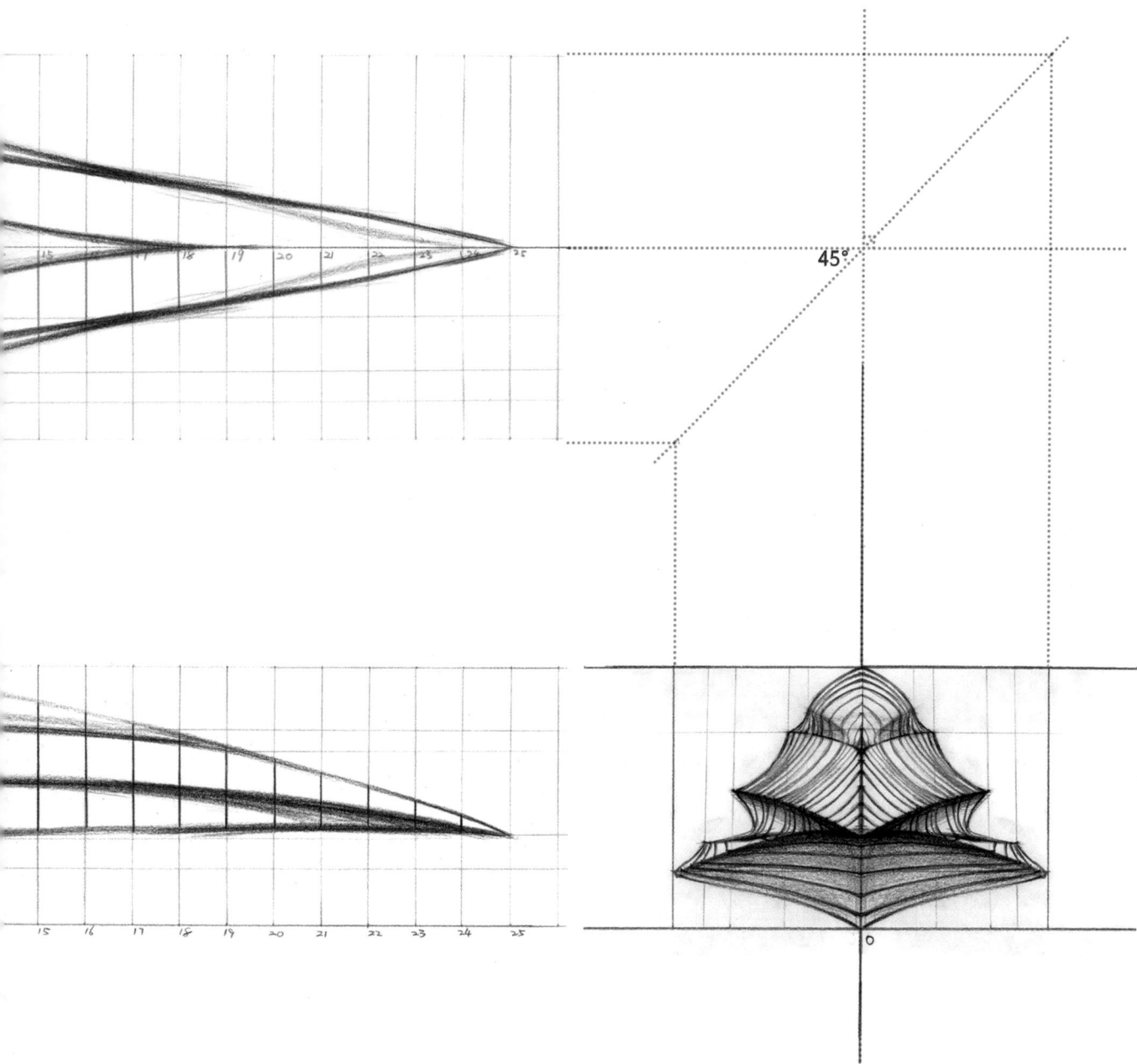

15 16 17 18 19 20 21 22 23 24 25

45°

15 16 17 18 19 20 21 22 23 24 25

0

3.2.3 切片模型制作

　　本章节介绍切片模型制作的方法及意义，是将我们之前与大家一起学习研究的整个系统进行三维验证的阶段。从前期概念草图到四视图的绘制，引领我们一步一步进入到三维立体呈现阶段。大家会看到实体模型与概念草图的对比。相信大家也会从这个对比中学习并得到一些新的东西。

　　切片模型是把自己的创意草图落实到实体的一种快捷方式。

　　本章重点学习速度形态切片模型制作，最大程度地让我们直观地理解了二维和三维的转换，切片模型是用纸板或 PVC 板制作的，从头至尾每相隔固定距离（最佳相隔在 1 或 1.5cm）截面模型，然后用细的 PVC 管或金属丝沿主要的转折线进行固定。完成速度形态模型的制作，再进一步可以设定模型的展示方式，制作底座或展架使其悬空，或者其他更好的方式，找到一种与你的速度形态气质最相合，最能展现你的设计特点的方式。

　　从思考想象变成概念草图，到手工制作还原草图，每一个切片都是整个模型结构线的反映。培养锻炼更加具体形象的立体思考能力，并将之运用到任何形态的转折结构分析中去。我们所学的各种表现方式都是为了促进我们的创新，逐渐丰富和再创新。

　　切片模型在汽车及工业、家具、产品设计、建筑等领域的应用广泛，可以利用切片的形式及其分析方法进行创新设计。

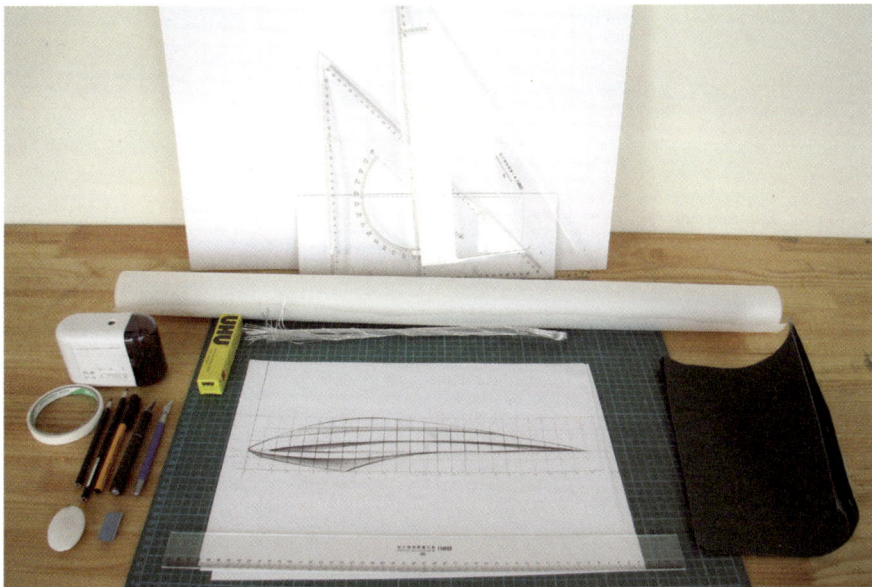

在本章节中我们将会以手工制作为主，通过模型的制作真正地认识我们的设计。

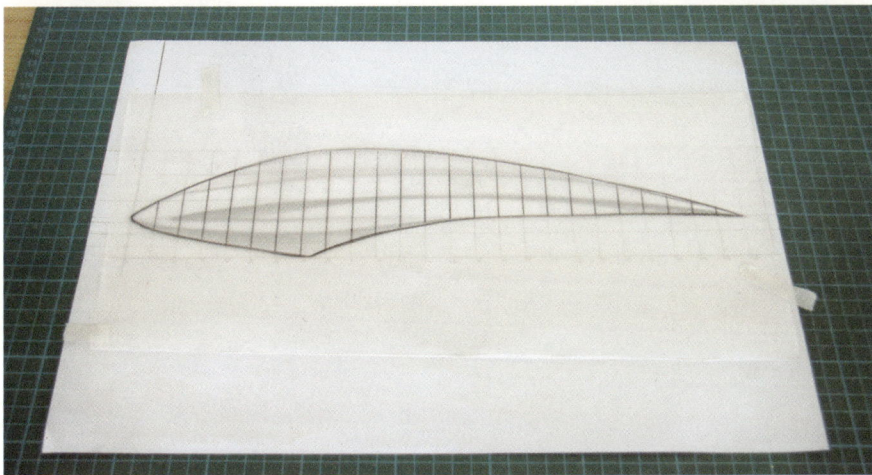

步骤一

我们将在诸多所画创意速度形态四视图中选中较为满意的一张，在侧试图上粘贴硫酸纸，并勾勒出外轮廓与等距截面刻度线，准备制作模型的龙骨。

将带有轮廓与刻度线的硫酸纸粘贴在纸板或 PVC 板上，用裁纸刀沿外轮廓切出相同形状的纸板（或先用笔在纸上描一遍，以在 PVC 板上留下印记，再照着印记裁切轮廓）。

注：若形态比较复杂则视情况调整做不同形状的模型骨架，内部可中空，用彩铅笔或圆珠笔将等距刻度线拓印至纸板或 PVC 板上。在后面步骤中会介绍等距线的作用。

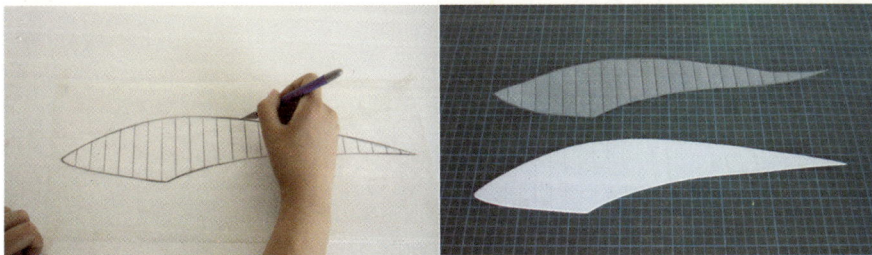

49

步骤二

以相似方法将前、后视图粘贴硫酸纸，分别将四视图中的切面结构线在硫酸纸上勾画出来。

注：还原每一根截面线。

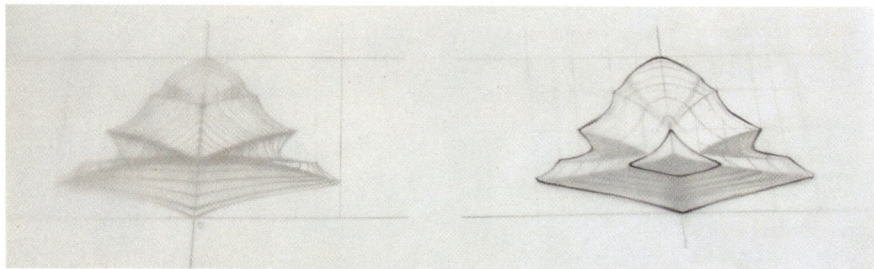

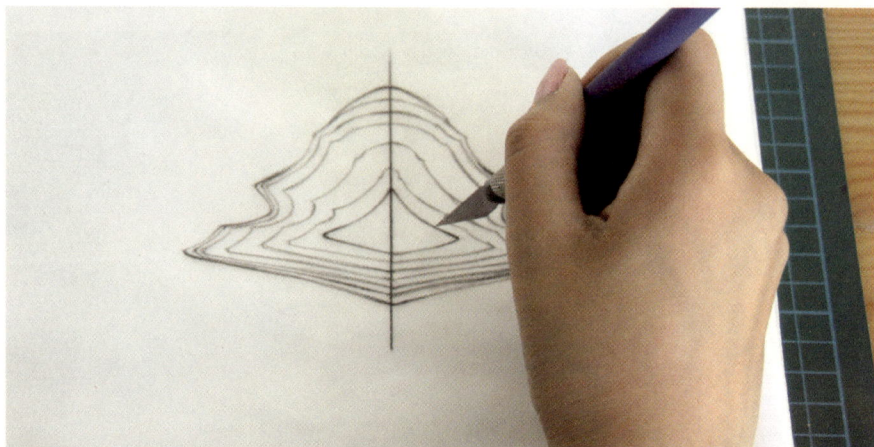

依据切线分别在纸板或 PVC 板上逐个裁切所有的切片。

注：按顺序写好编号，描摹切片轮廓时不要忘记画中线，这在我们之后的过程中是非常重要的。

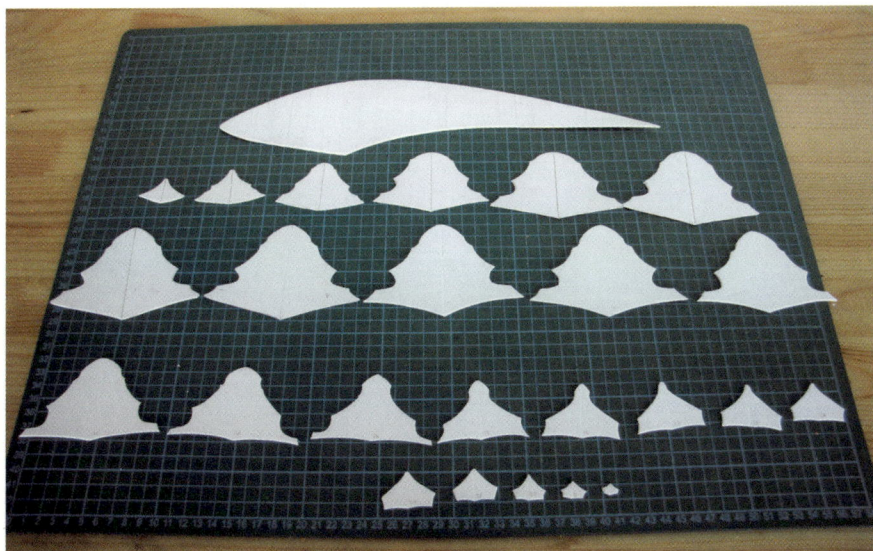

注：裁切的过程中或者描摹时给每个切片依次编号。

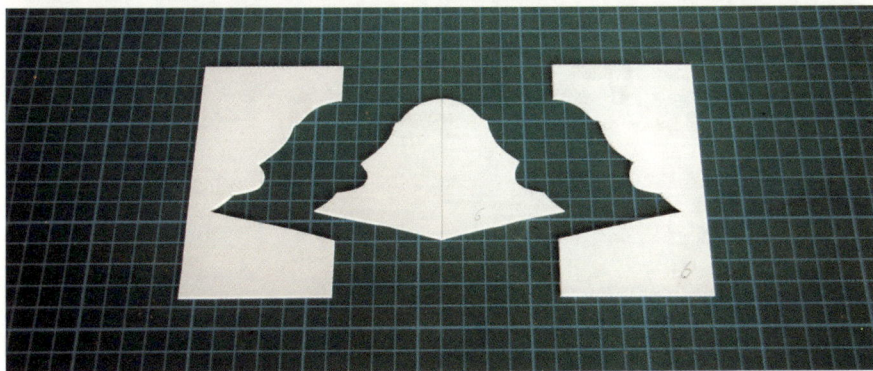

注：切割后剩下的负形，称之为"母"、"阴"，记得保留，之后油泥模型制作中起重要的造型参考作用。

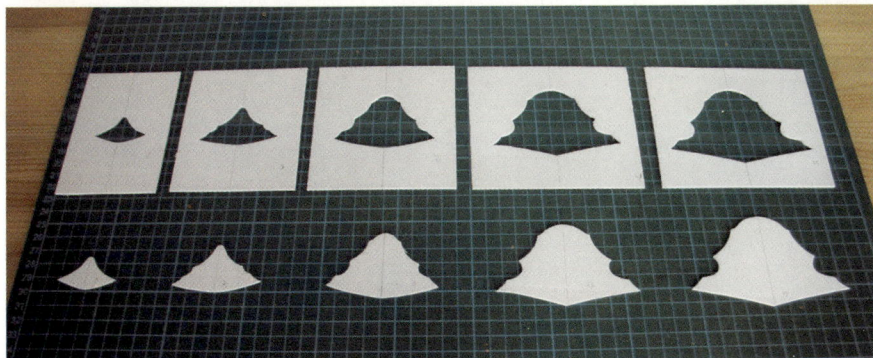

对完成的所有切片的中心线位置对应长度的缝隙以及龙骨等距切线的裁切并适当打磨。

注：裁切深度可相同，最好根据模型龙骨形状进行裁切，以防较窄部位因强度不够而断裂，每一切片与相对应的位置的缝隙相互补，组装后可以相吻合。

步骤三
　　将龙骨与断面切片按顺序依次交叉组合。

　　用速干胶（502）将接缝处粘合以固定模型。

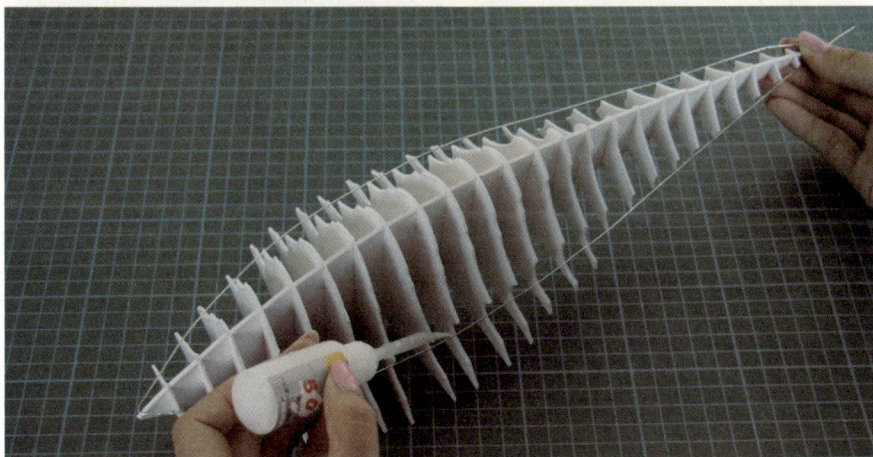

　　最后可以将铁丝固定在主要特征线或外轮廓线，既可以加固模型同时可以凸显设计特征。

　　注：展示以支架或者利用鱼线悬挂，展架以简洁大方为主，突出模型为目的，切记喧宾夺主。

最终模型展示

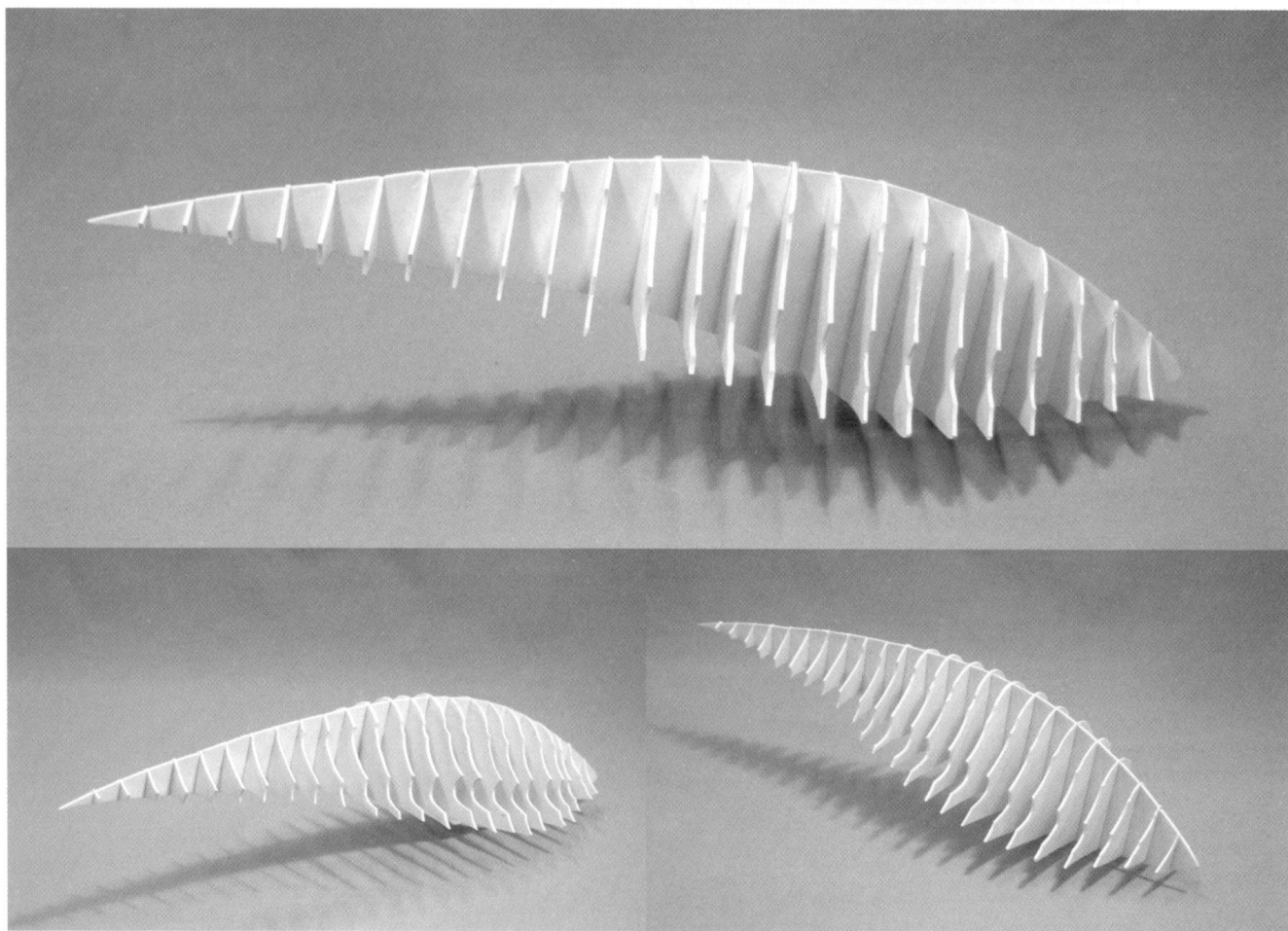

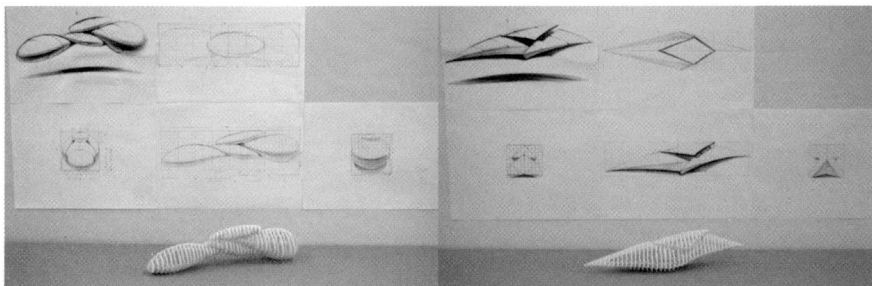

有机形态与线性形态作品范例

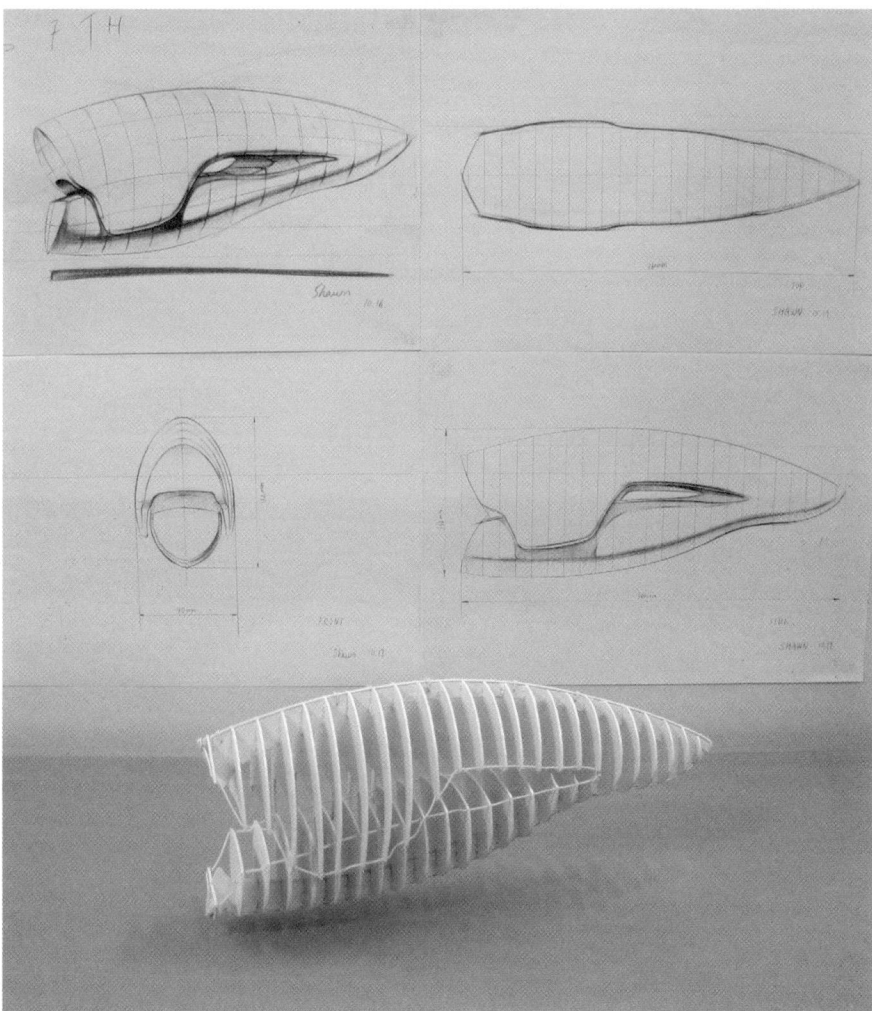

有机形态与线性形态结合的综合形态作品范例

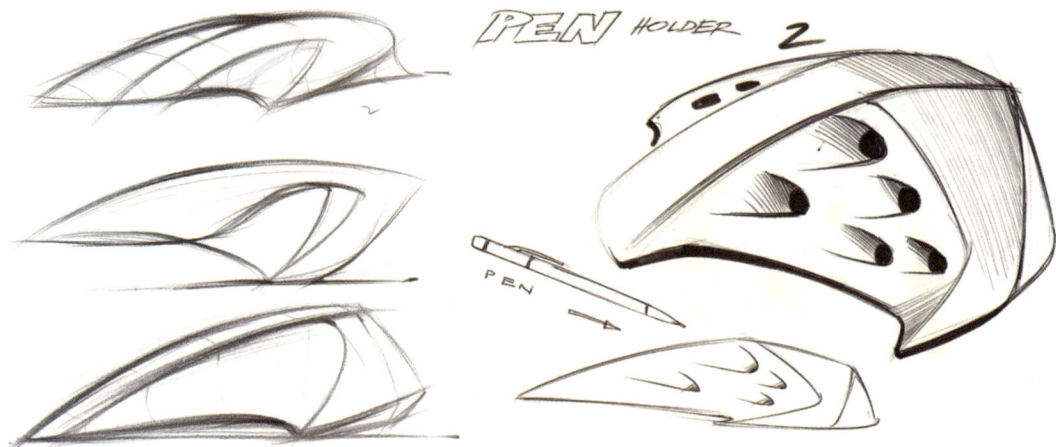

形态设计在工业产品设计中的应用
范例：汪教授 20 世纪 90 年代工业产
品设计

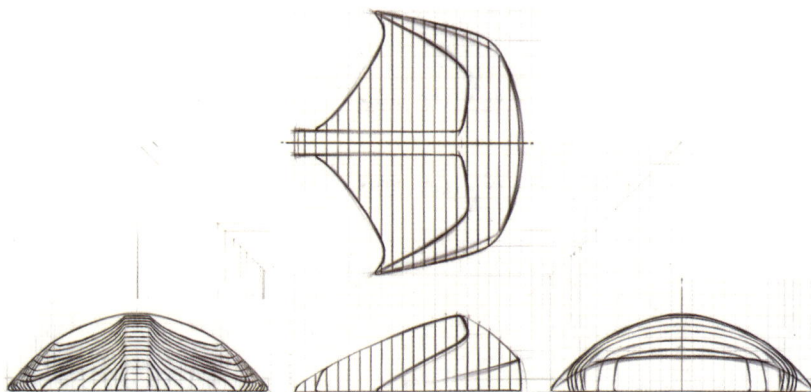

形态设计在工业产品设计中的应用范例：汪教授 20 世纪 90 年代工业产品设计

3.3 手绘材质与延伸

本节材质效果承接第二章草图绘制，是草图绘制的深入表达技法。

一张黑白草图往往不能全面地表达我们的设计意图，在完成概念草图绘制之后，就需要我们辅以材质效果表现加以完善，使我们的设计概念更加清晰、明朗，效果更强烈。丰富的材质表达也会将设计拉近现实。

材质效果图的绘制能表达更丰富的设计材料效果，相对于电脑软件渲染等方式更加快捷、直观，可以将设计概念快速具象化、真实化呈现。以速度形态的材质绘制入手再进入汽车设计的材质表现中，是一个较为基础的过渡阶段，最终目的还是达到创新设计的实体化。

本节中会具体介绍几种材质的特点及绘制步骤，以及在实际中的应用。希望大家通过这些内容可以认识到材质的重要性，并掌握此节内容。

我们日常生活中所经常接触的物品材质有金属、木材、玻璃、真皮、橡胶及塑料等等，质地各式各样有柔软或坚硬、有光滑或粗糙等。例如，汽车内饰中真皮的座椅、实木的方向盘、金属的档柄、哑光或镀铬的塑料按钮、发光的仪表等等。

经过上一阶段绘制黑白概念草图的解析与练习，在明确我们设计每一部分的转折变化及具体走势之后，进一步进行对形态不同质感的学习。

我们会从不同的视角去观察自身设计的特点，学习中的重点是理解，理解之后的重点是学以致用，怎样把材质表现应用到实际设计中是我们学习的最终目的。

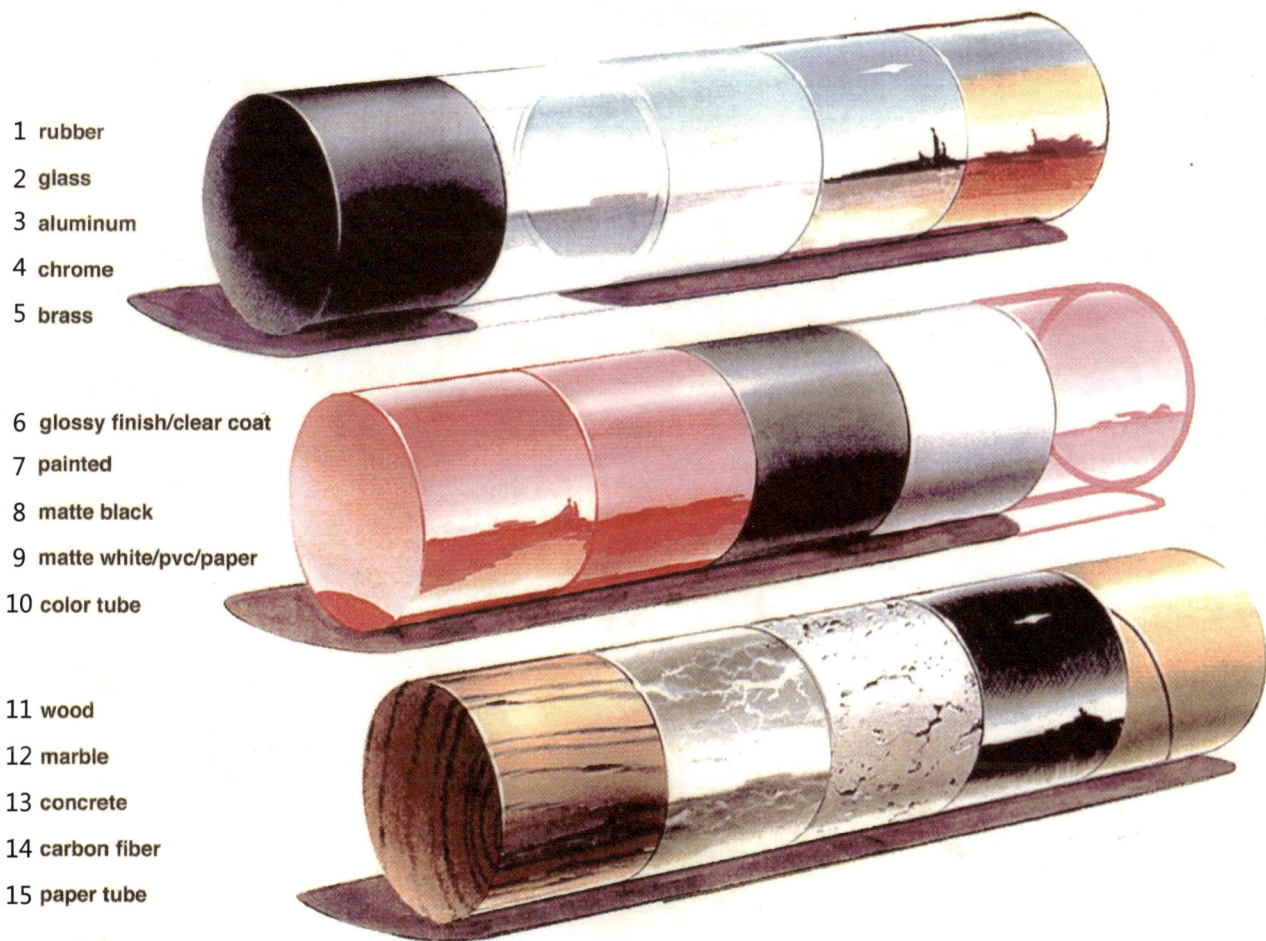

1 rubber
2 glass
3 aluminum
4 chrome
5 brass

6 glossy finish/clear coat
7 painted
8 matte black
9 matte white/pvc/paper
10 color tube

11 wood
12 marble
13 concrete
14 carbon fiber
15 paper tube

上图为我们在绘图过程之中需要的一些基本材质效果手绘范图，从上至下，左至右材质说明如下：
1 橡胶　2 玻璃　3 铝　4 镀铬　5 电镀　6 亮光膜　7 喷漆　8 亚光黑　9 白纸　10 彩管　11 木材　12 大理石　13 水泥　14 碳纤维　15 牛皮纸卷

Automotive Design 汽车设计

镀铬材质及表现技法

　　材质特点：光滑，高反射，对比强烈。镀铬是我们日常生活中接触较多的一种材质，其材质具有高反射性，受周围环境的影响极大，具有较强烈的视觉效果。因此镀铬的表现多为对环境的反射。要注意观察镀铬件的反射特点，周围环境经反射后会产生高度变形，我们要做的不是把它完全复制下来，而是简化总结，以防破坏形体。如：圆柱体表面反射条纹纵向排列。

单一曲面效果特点

　　平行分布的强烈反射区域，黑白对比较大，形成长条排列。

多曲面混合效果特点

　　反光及高光区域形成的形状会跟随曲面转折形成特定的转折变化。

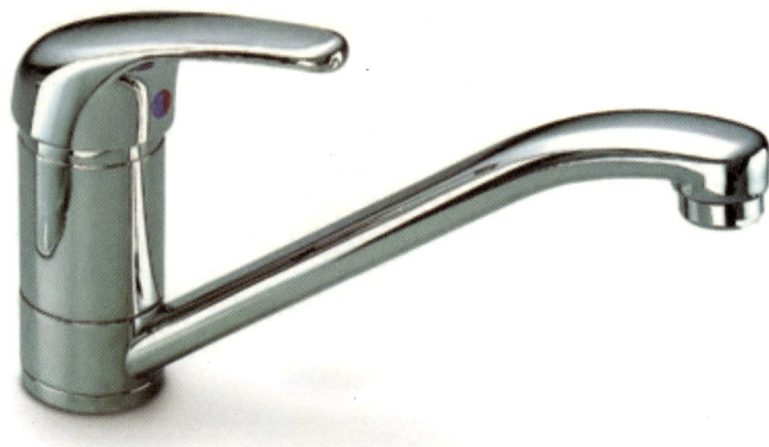

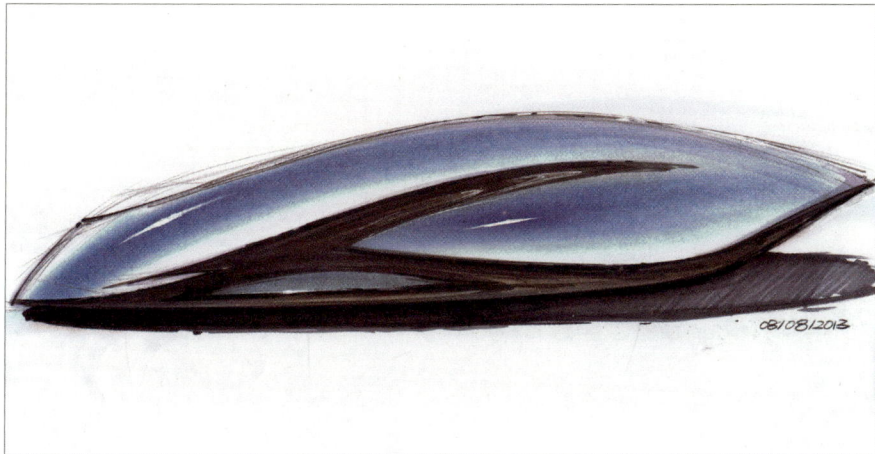

3.3.1 镀铬材质表现技法

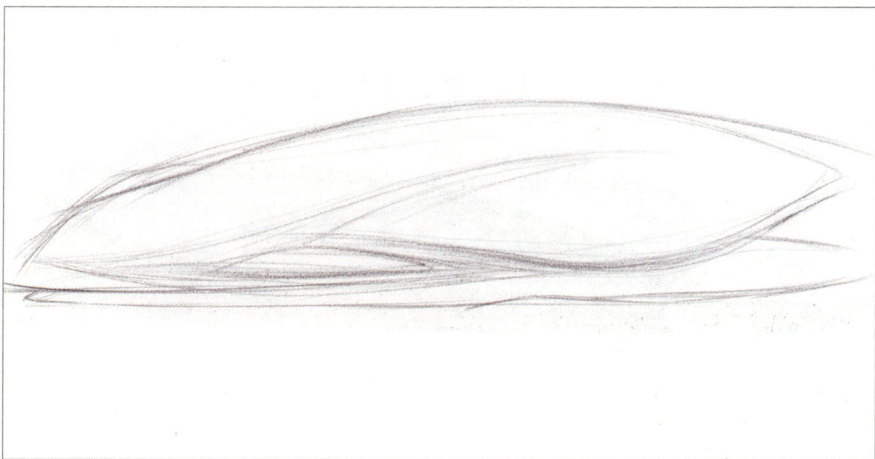

步骤一

　　首先我们完成着色前底稿的绘制，注意透视。

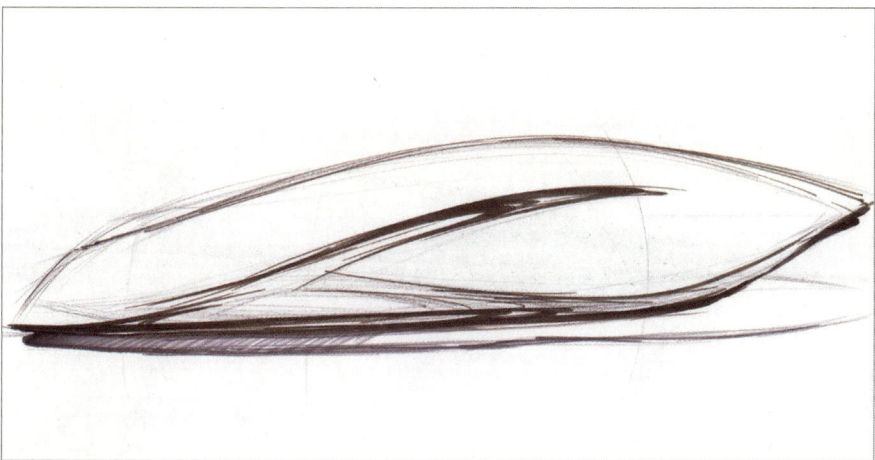

步骤二

　　处理黑白灰关系，达到镀铬材质的高反射，黑白对比强烈的效果。

步骤三

　　着大颜色（常使用底色高光法）通常情况下镀铬材料的上部分会反射天空的颜色，下部分则是土地的颜色，在有较近距离背景或者物体的情况下，要表现出来。对反射效果加以强化，突出黑白对比效果。

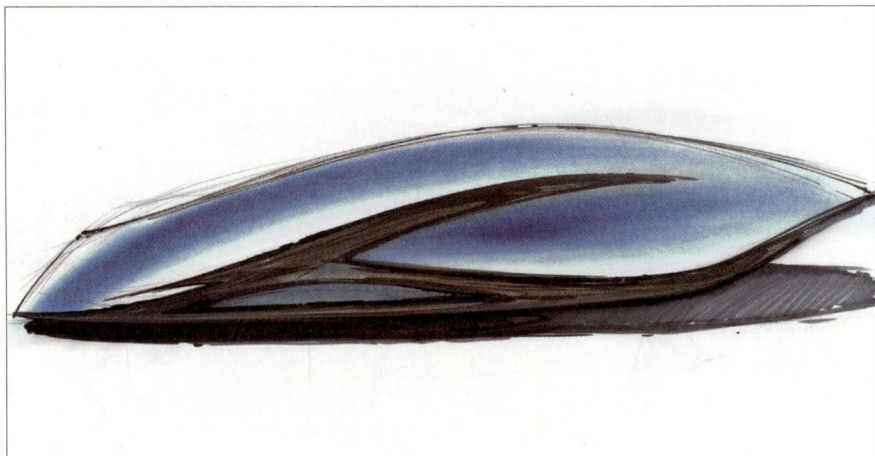

步骤四

　　高光及细节的刻画处理，注意保持画面整体效果。

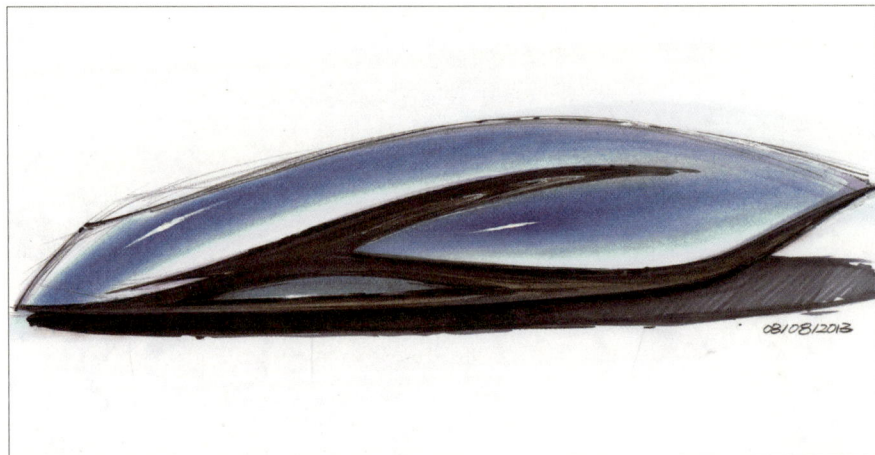

步骤五

　　为保证最终画面效果，最后清理绘图过程中弄脏的部分，整个过程中及时清扫色粉、橡皮等产生的粉末，喷定画液使图纸能长期保存。

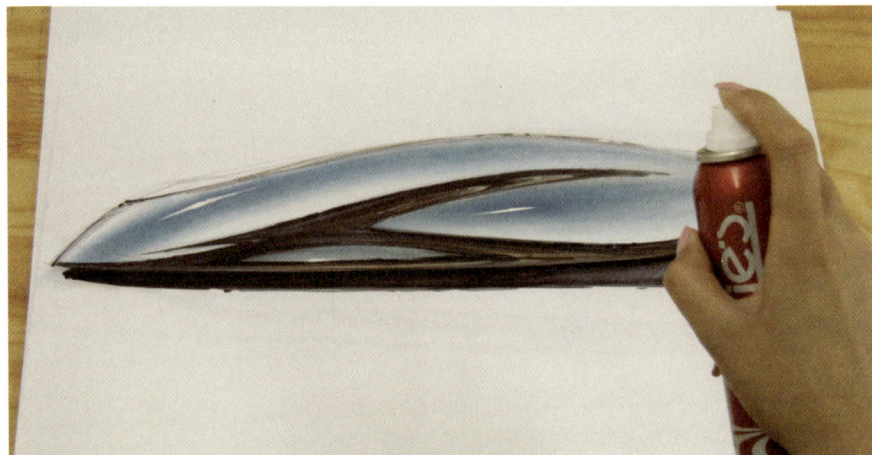

3.3.2 木纹材质表现技法

特点介绍：木材作为一种日常应用材料，分为许多种类，如：红木、檀木等，优质上等的木材价值不菲，多用于中高级轿车内饰的部分或局部装饰，以突显上乘的制作工艺及高贵豪华的氛围。

仔细观察各种木材的不同纹理及颜色，不同的切割方式形成的不同的效果，掌握其基本规律。达到真实表现。

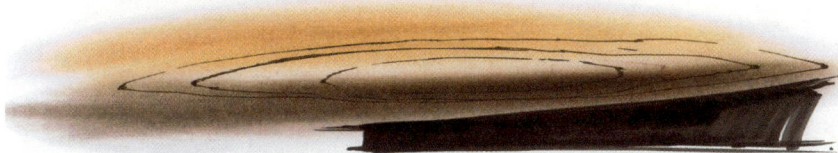

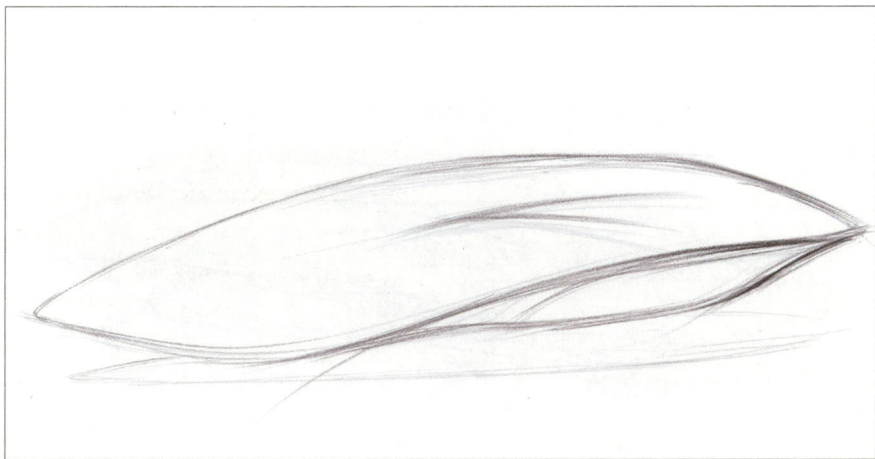

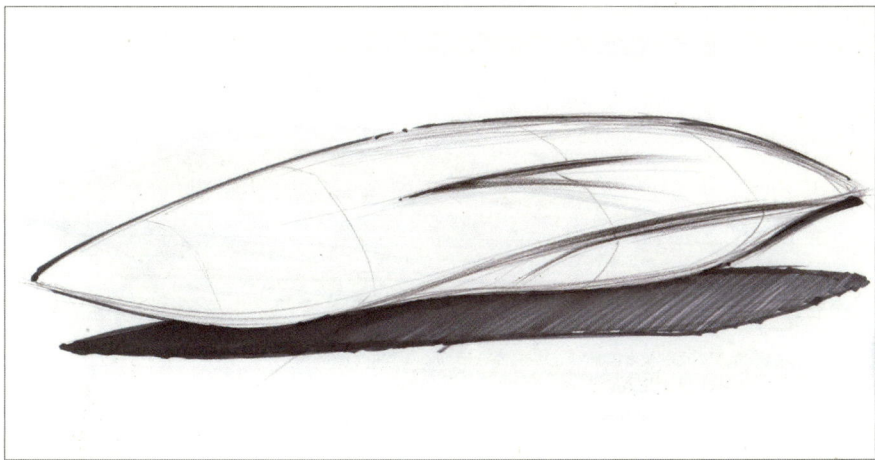

步骤一

将挑选的图纸复印或者重新勾画形态，若重新勾画我们将使用非水溶性的彩铅（非水溶性彩铅可以防止在后期马克笔的使用过程中马克笔的染色产生色变，破坏效果）。顺势勾勒初期草图形态，同时通过线条表现形体的虚实。明确所选定的形态的透视角度。

步骤二

明确所选形态的光影，详细刻画形态并画线明确设想的光影关系。将完整的切线贯穿，完整地绘制出来表现透视切线。这样可以使我们更加了解自身设计的结构与形态的发展变化，详细体现形态转折，同时更好地交代出形态的明暗关系与虚实关系。

在此过程中，线条避免太重太深（避免影响后期的着色深入表现，颜色的使用尽量靠近预想效果颜色）。

步骤三

　　整体的光影颜色用灰色马克笔表现基本的黑、白、灰关系。用彩色马克笔涂大的颜色，笔触放松。

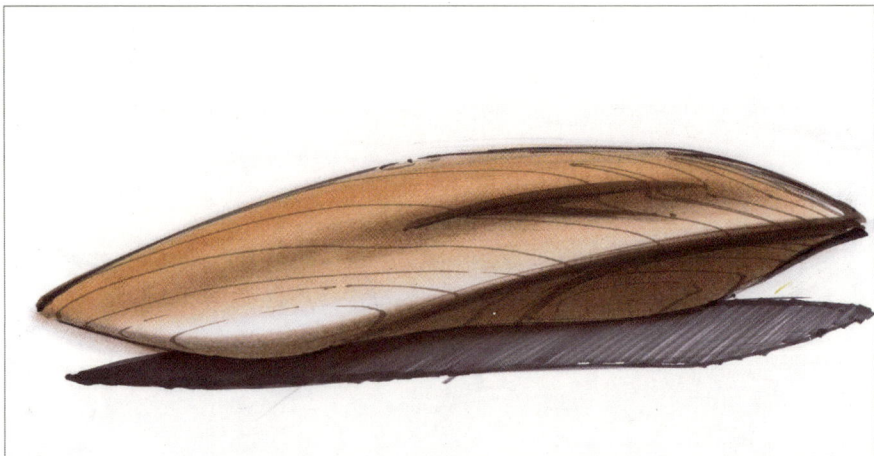

步骤四

　　深入刻画、细化、强化材质特征，在大色调完成之后对细部转折进行处理，注意反射细节。

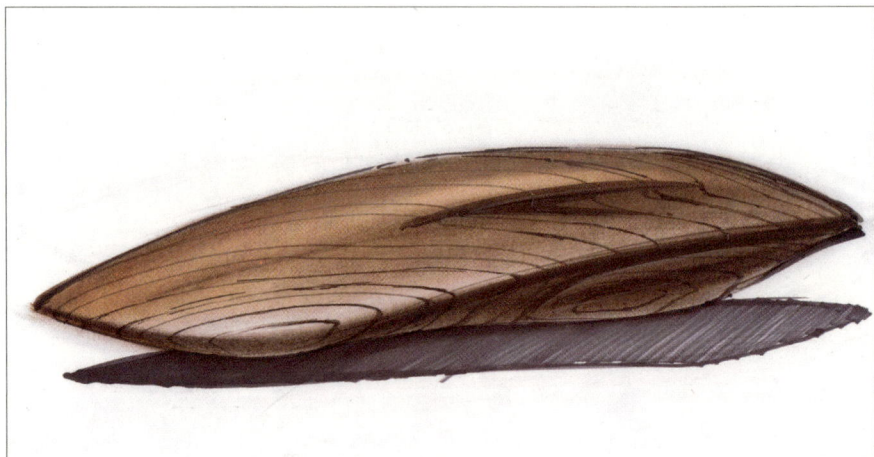

步骤五

　　整体调整阶段，在完成以上的步骤之后，要做最后的调整，从光影到黑白灰关系到画面清洁，调加高光，增强虚实、光感。最后要署名及日期，我们的每一幅作品都是自身成长进步的鉴证。

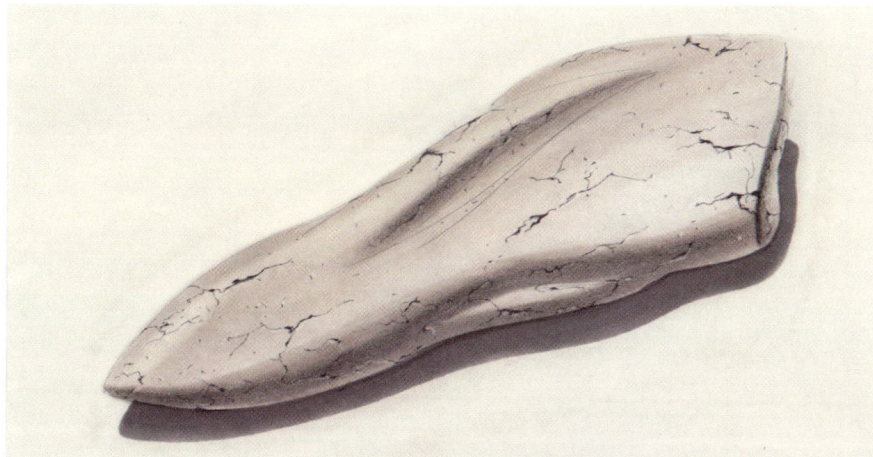

3.3.3 材质练习作品

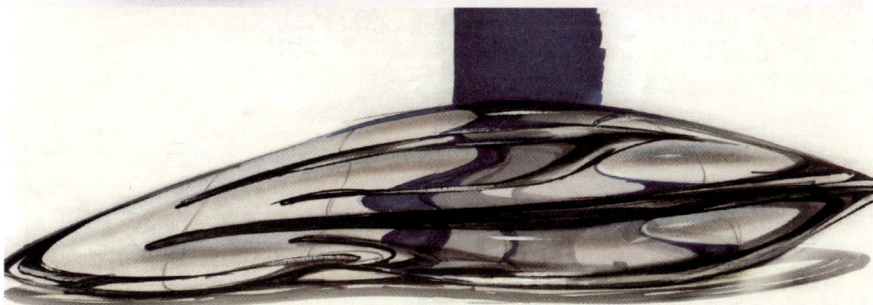

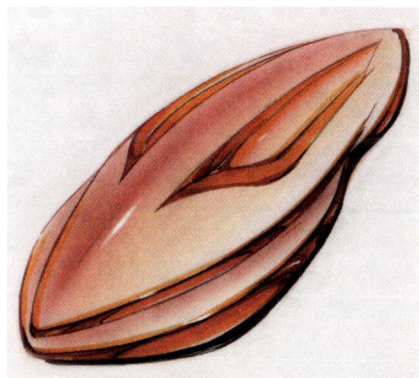

3.3.4 延伸练习——形态材质融合

　　单一材质的绘图练习是针对我们对不同材质的基本表现能力的训练。在设计中，往往是多种材质的相互结合，不同材质的部件共同组合成一件产品。无论是工业设计、建筑设计、室内设计，还是服装 、首饰等。

　　在交通工具设计领域尤为明显，汽车的内饰有千百件大大小小不同材质的部件组成，想要做好内饰的设计，就需要我们熟练地掌握对材质的表现能力。

　　材质融合的练习是将不同材质的不同形态在光影的相互影响下所呈现的效果绘制表现出来。包括：材质本身的效果；与环境中其他材质的相互作用的效果；材质相互穿插的效果；在不同的光影条件下所呈现的不同的效果。

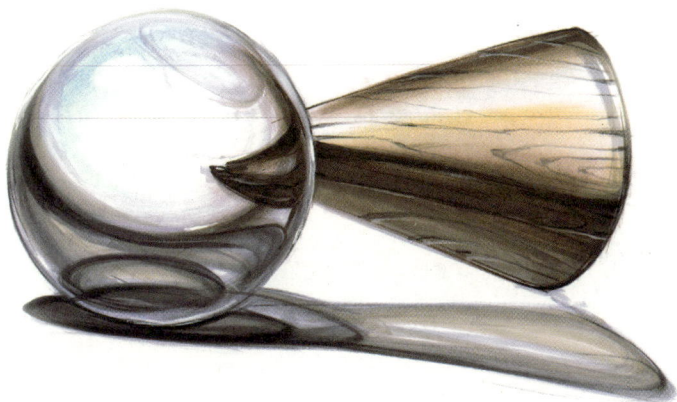

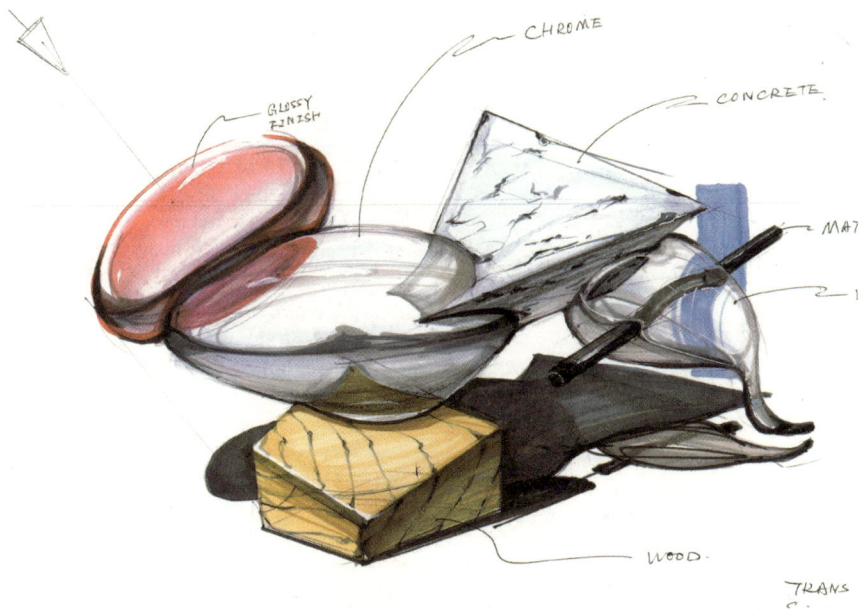

材质相互穿插的影响

　　这一部分中我们将不同材质的几何形体随意相互穿插组合，直观地表现不同材质的相互作用及影响，熟练掌握对材质特性的技法表现、光影效果以及反射效果的掌控能力。

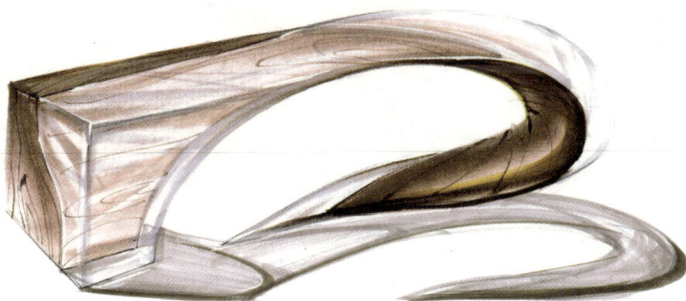

不同形态的材质融合效果表现

　　形态融化变形，转化为另一固有形态，如同冰块融化再次成形的过程。通过对形态融合变化的练习，锻炼我们对于相同材质在不规则形体的状态下效果的手绘表现。

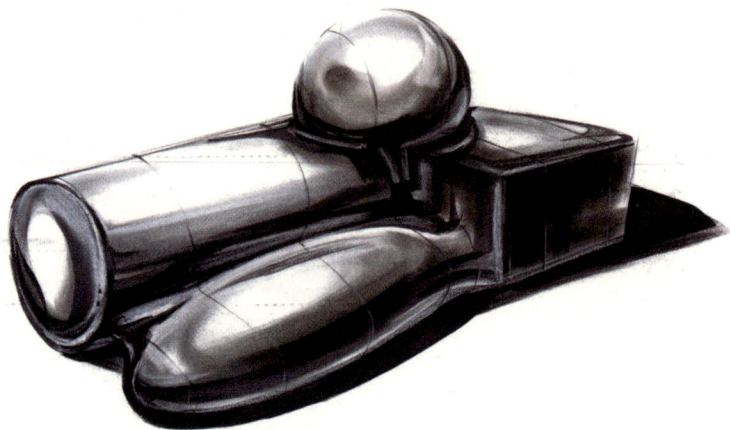

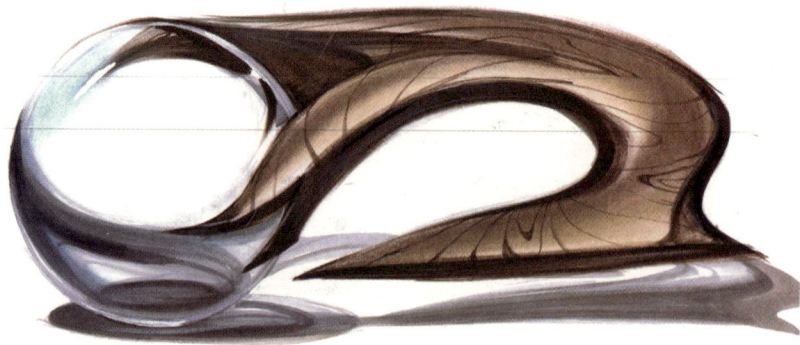

亮光材质与亚光材质

　　反光度是材质区分的标准之一，也是由于材料的化学性质与物理性质所决定的。

从速度形态到F1

Chapter 04

Speed Form to F1

单纯的速度形态，是最纯粹的具有速度美感的形态。

当我们赋予它功能、特性、色彩、材质等内容后，就赋予了它转变、升华的机会。通俗地说，当我们拥有一个形态，将他加上四个轮子，那么他便有了汽车的基本的样子；之后我们调整座舱，让驾驶者可以坐进去，那么我们就可以简单地认为他可以动了。

在这个阶段当中，我们需要做的是将速度形态与交通工具挂钩。我们在给一个形态安装四个轮子之后，相应的附属结构也会有一定的调整。有的会如同 F1 方程式赛车，轮子裸露在外，但还是有避震悬挂等系统；有的也会如同概念车，轮子藏在里面，极具未来感。

这种创新的机会随机组合所形成的概率是无数的。我们每个人都具有审美和生活经验的积淀，每个人会用自己的判断来创新，形成自己独有的设计。

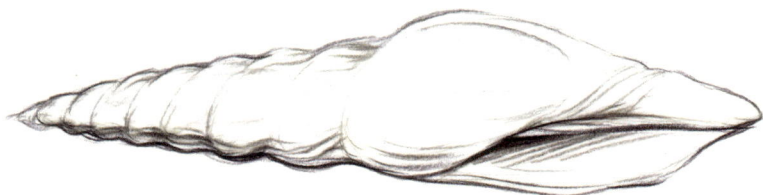

形态的起源

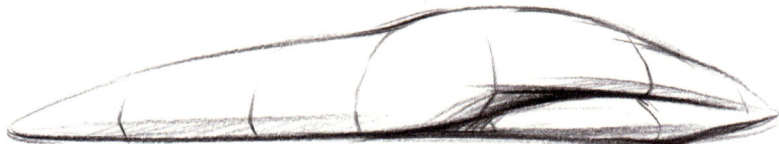

形态的衍生

形态的深化

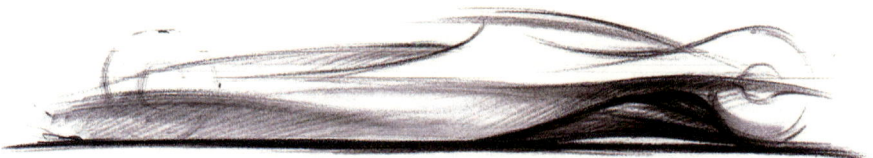

设计方案调整

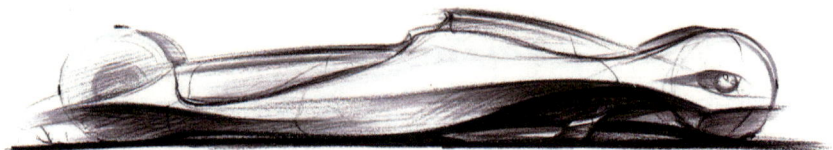

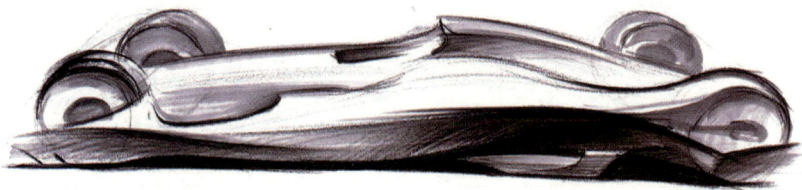

最终设计方案

形态 + 轮子 + 人机工程学 + 空气动力学

　　有了形态的基础，我们将把形态与人相结合，如座椅的设计，驾驶者坐姿的设定等等。这其中也不乏单体的设计，如头盔等。

4.1 手绘效果图

步骤一

首先画出透视线，以确定基本透视。

步骤二

以正确的透视比例画出四个轮胎，注意远侧一面的可以简化，画的不要太深。画出设计方案的中线、主要轮廓及比例特征线，注意线的粗细深浅层次。

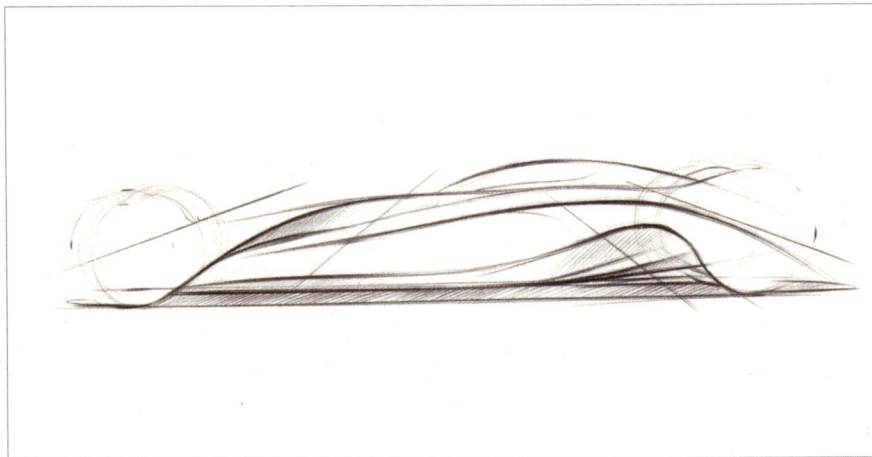

步骤三

将侧面特征线对称到另一侧，并画出整体轮廓线，用同样的透视方法画出其他车身特征线，如车窗、格栅、轮毂等细节。用马克笔上基本色，预留出亮面的空白。

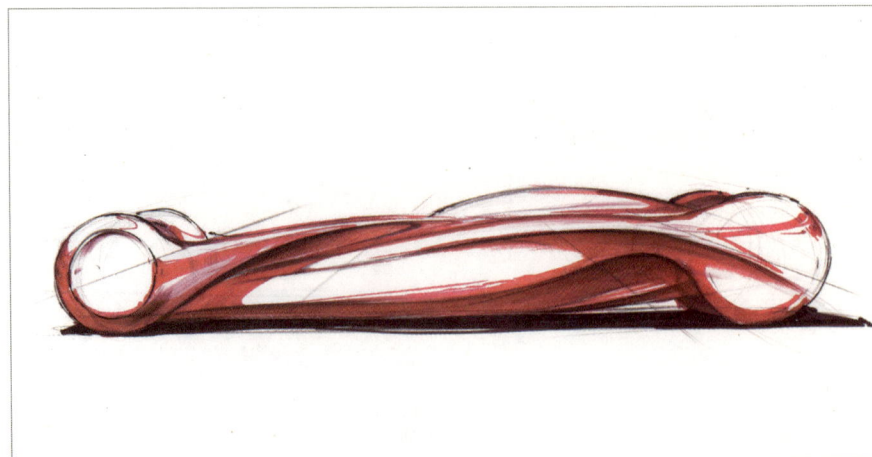

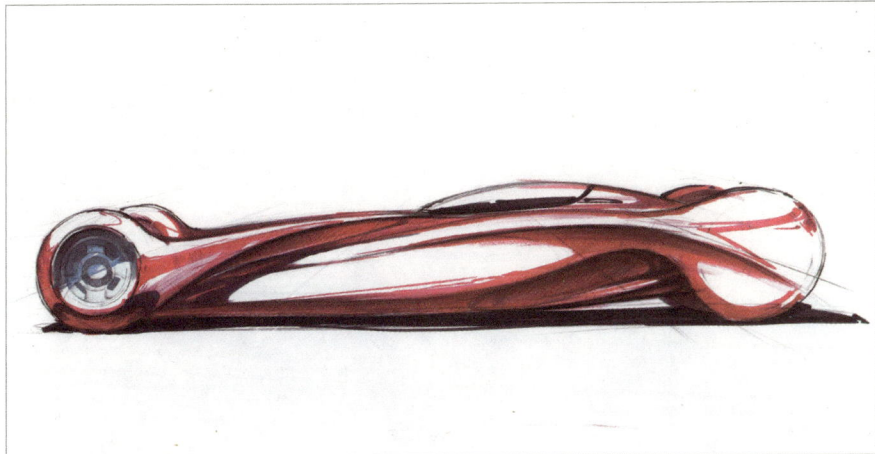

步骤四

局部刻画，注意保持整体车身线的主次区别，画出门线、分缝线等。选定光源，用黑灰色系画出基本的黑白关系，包括投影。

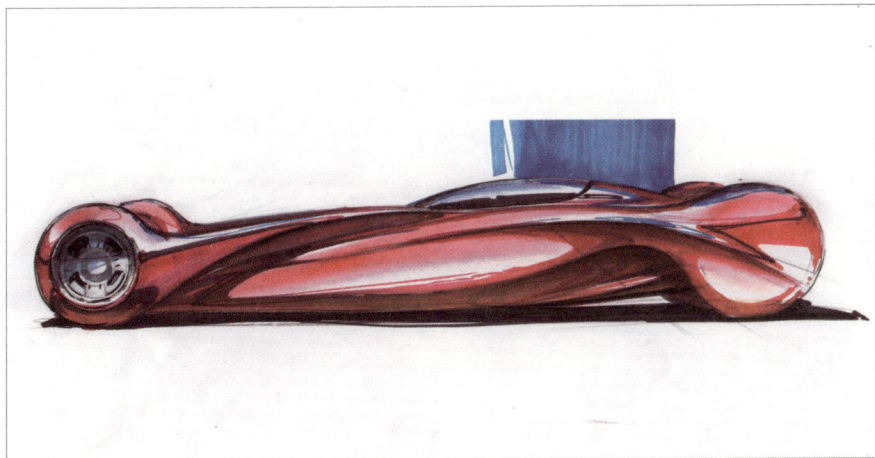

步骤五

用化妆棉蘸取色粉粉末在预留的向光面继续画亮面颜色，反光面用对比色调或环境色刻画，如亮面用蓝天色，暗面用大地色。完成之后加环境背景渲染整体色调。

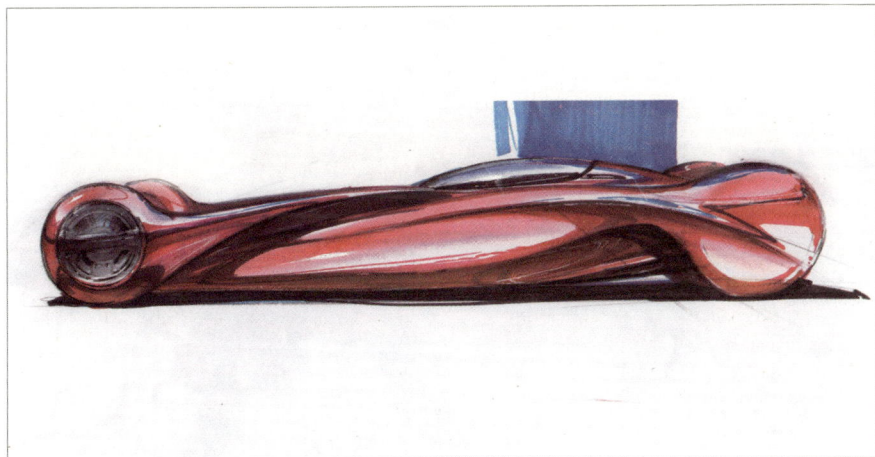

步骤六

调整整体关系，画出高光和反光及细节，清洁画面并喷定画液完成整个绘制过程。

4.2 Photoshop 效果图

众所周知，Photoshop 软件是在设计领域中常用的软件之一，是交通工具设计及其他工业设计等领域最便捷的效果图绘制工具之一。

它不仅可以通过简单的线与颜色来快速表现设计创意与概念，也可完成极度写实的效果图，完全可以达到照片的效果。既可以只简单地表达设计主体本身，又可以快速地将设计放入特定环境中，增强设计方案的表达效果。

本小节中大家通过对 Photoshop 的应用界面及绘图过程的了解，初步掌握这一设计表现工具。这将为后期大家的学习与发展打下基础。

绘图步骤介绍

步骤一

挑选之前章节中我们完成的一张概念草图，将草图扫描存储为 JPEG 照片格式。打开 Photoshop 软件并新建文件，将概念草图降低透明度，作为底图。以概念草图为底图，新建一个图层并命名 Sketch，以绘制草图的方式在软件中完成线稿的绘制。

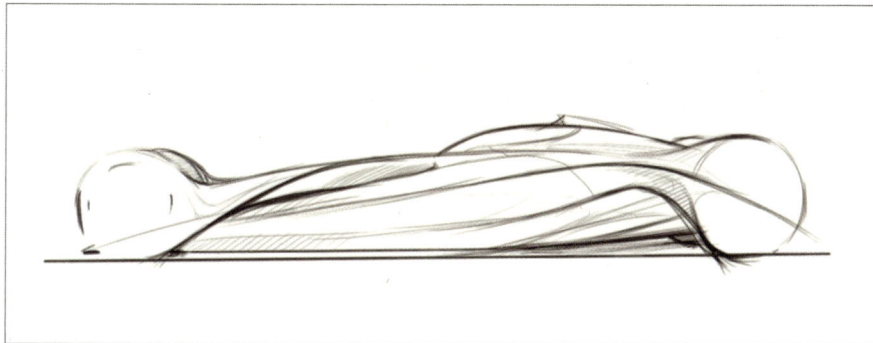

步骤二

建立新的图层，确定光源并完成大概形体的光影关系。

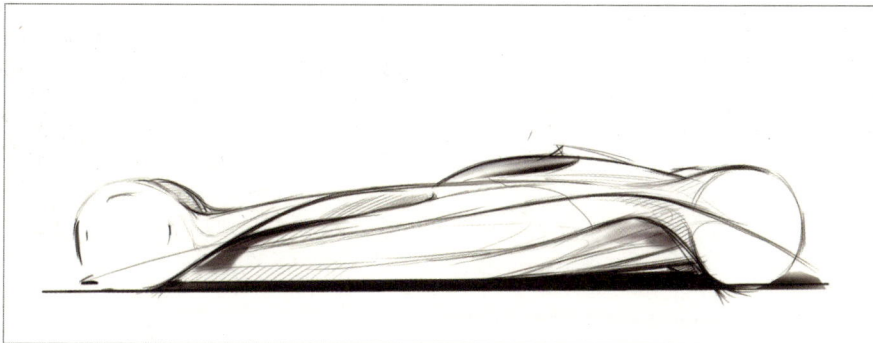

步骤三

根据既定的光源方向勾勒出整体的形面明暗关系，并模糊远景部分，形成虚实效果。确定设计的配色方案，建立不同的颜色图层。

步骤四

去掉背景草图，准确画出设计形面转折，保持色彩方案的纯净并注意形体的明暗转折变化，如同素描绘画中的黑白灰关系，注意颜色的层次和冷暖关系，但不要过分突兀。

最终效果图

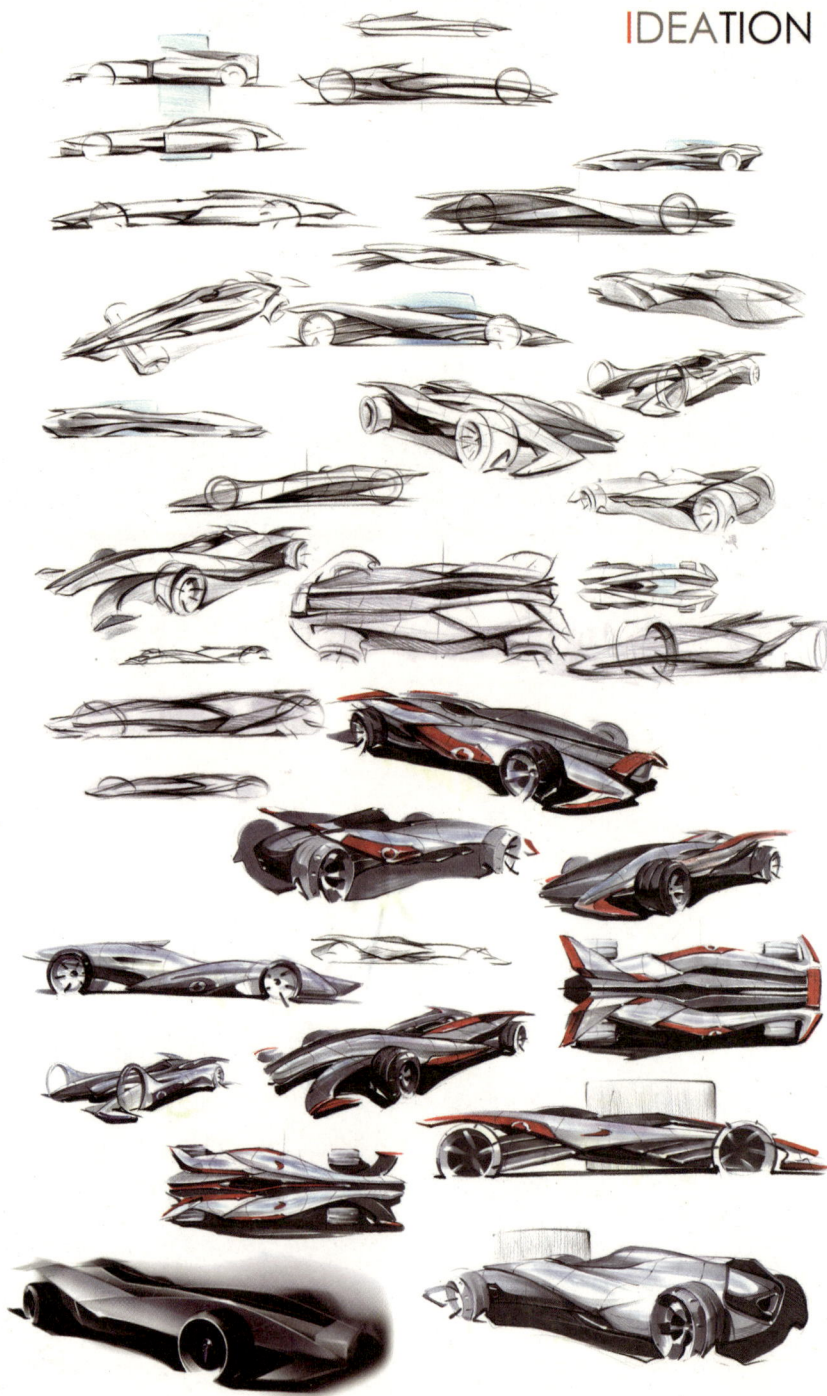

速度形态衍生的设计过程实例

FINAL RENDERING

4.3 造型布置图

　　在汽车设计领域中，我们不仅仅要完成概念草图与效果图的绘制，也需要具备将二维效果呈现三维立体效果的能力。我们每个人心中的设计（无论是车，还是建筑、产品、珠宝、首饰等）并不是单单平面、仅在纸面上的，而是要实实在在呈现在每个观众或使用者面前的。

　　实现三维立体效果呈现的方式我们可以大致分为两种：一种是电脑软件数据模型，另一种是实物立体模型。本书中我们会与大家接触到这些方面，但将二维效果转化为三维立体效果的过程中，我们需要了解一下造型布置图（Package），与绘图有所不同的是不单单用笔绘制，而是使用油泥胶带在全比例或小比例图纸上完成。

　　造型布置图将设计方案的前、后、侧、顶视角等比例或小比例平面化地呈现。是理解设计方案的三维立体效果的一项重要步骤，无论电脑软件效果的制作还是油泥模型的制作都离不开造型布置图绘制。它是体现我们设计特征与效果的依据，也是后期三维模型制作最直接的参考数据。

　　通过这一章的介绍，我们将了解汽车行业中的设计过程的一重要环节与实践设计的方法，并培养设计师对于汽车设计的掌控能力与对造型的感知力，充分发挥对形态的空间理解与平面表现。

　　以下是造型布置图的范例：

TRANS 3
McLaren AUTOMOTIVE
F1 1:5 外饰造型设计
中央美术学院交通工具设计系
教授：汪镇宇
学生：那嘉
造型总尺寸
轴距：3400mm　　总宽：2000mm
总长：4800mm　　总高：900mm

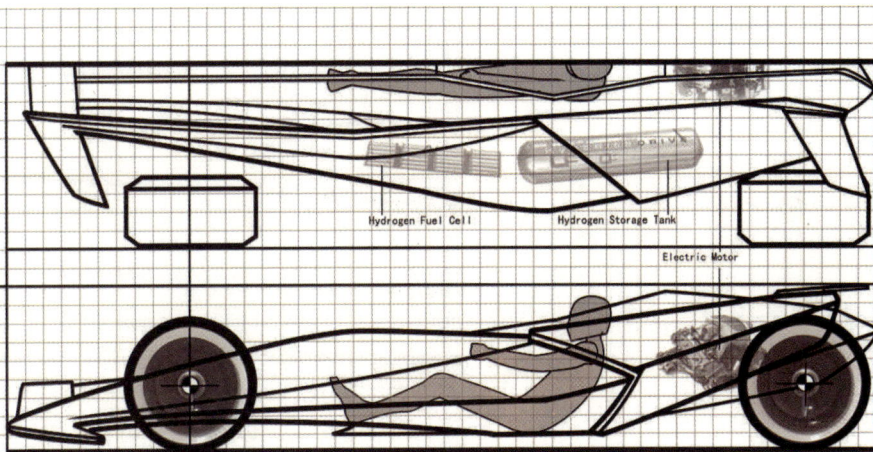

Hydrogen Fuel Cell　Hydrogen Storage Tank
Electric Motor

TRANS 3
RENAULT F1 Team
F1 1:5 外饰造型设计
中央美术学院交通工具设计系
教授：汪镇宇
学生：徐逸雄
造型总尺寸
轴距：3400mm　　总宽：1800mm
总长：5025mm　　总高：930mm

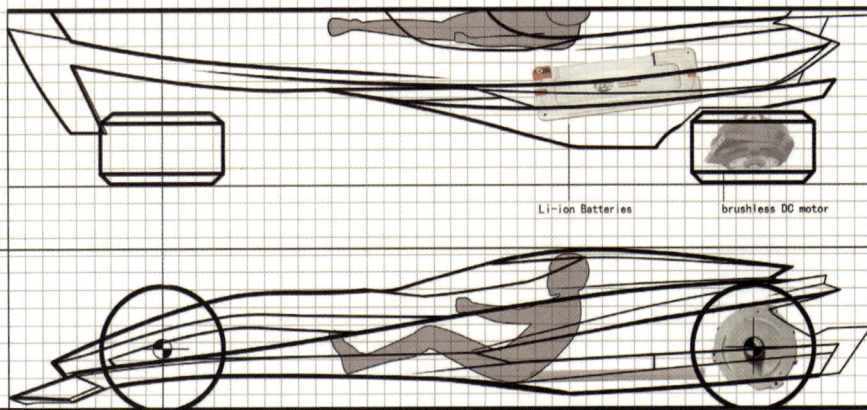

Li-ion Batteries　　brushless DC motor

4.3.1 胶带布置图步骤介绍

步骤一

确定将要完成的模型的比例与轴距，做出基本的人机关系位置图，注意驾驶员的坐姿，与车的实际大小比例。

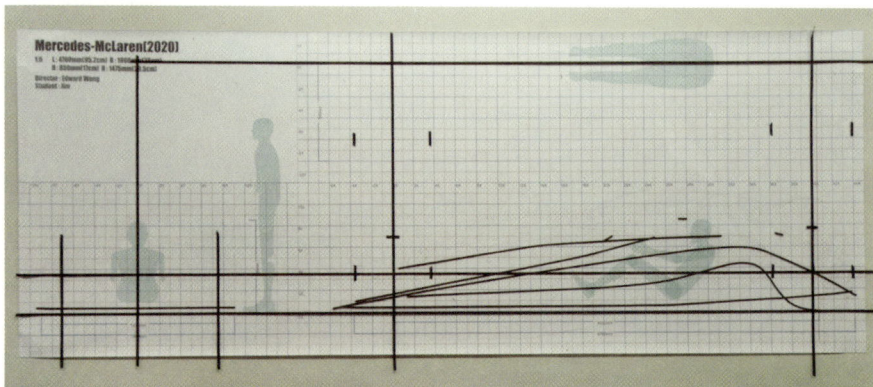

步骤二

胶带粘贴，胶带的粗细不同，使用的方法也不同。外轮廓与切线较粗，特征线与细节线较细。在控制线条变化的时候，要注意拉伸胶带的力度，适当的拉伸可以在造型布置图上做出丰富的曲线变化。

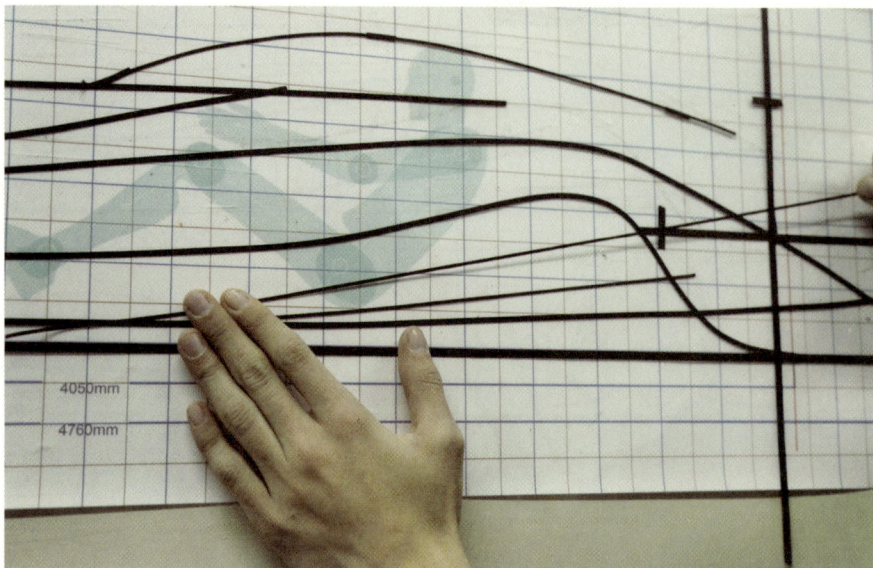

步骤三

首先完成侧视图主要特征线和轮廓线，再根据侧视的造型特征进行前后视图以及顶视的造型胶带图绘制。

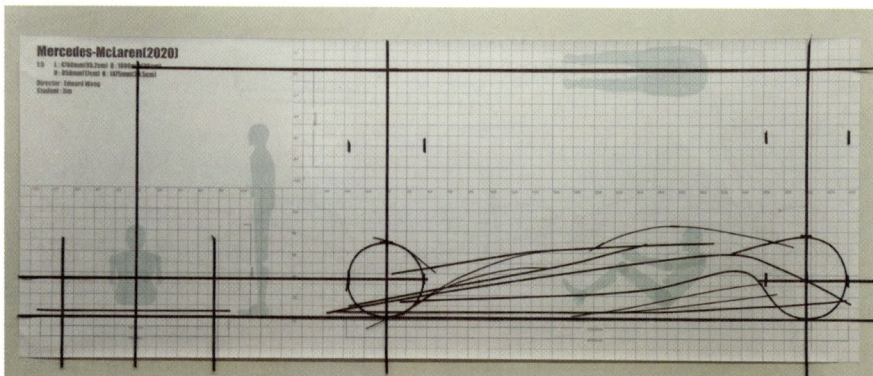

最终确定参照人的身高与动作，符合人机工学，姿态不宜过度夸张。参照人有助于我们了解设计的比例及人机关系，可以使设计更加真实化与合理化。在这里我们也可以将动力装置、能源装置、控制单元等图形示例根据个人的设计方案放入其中。

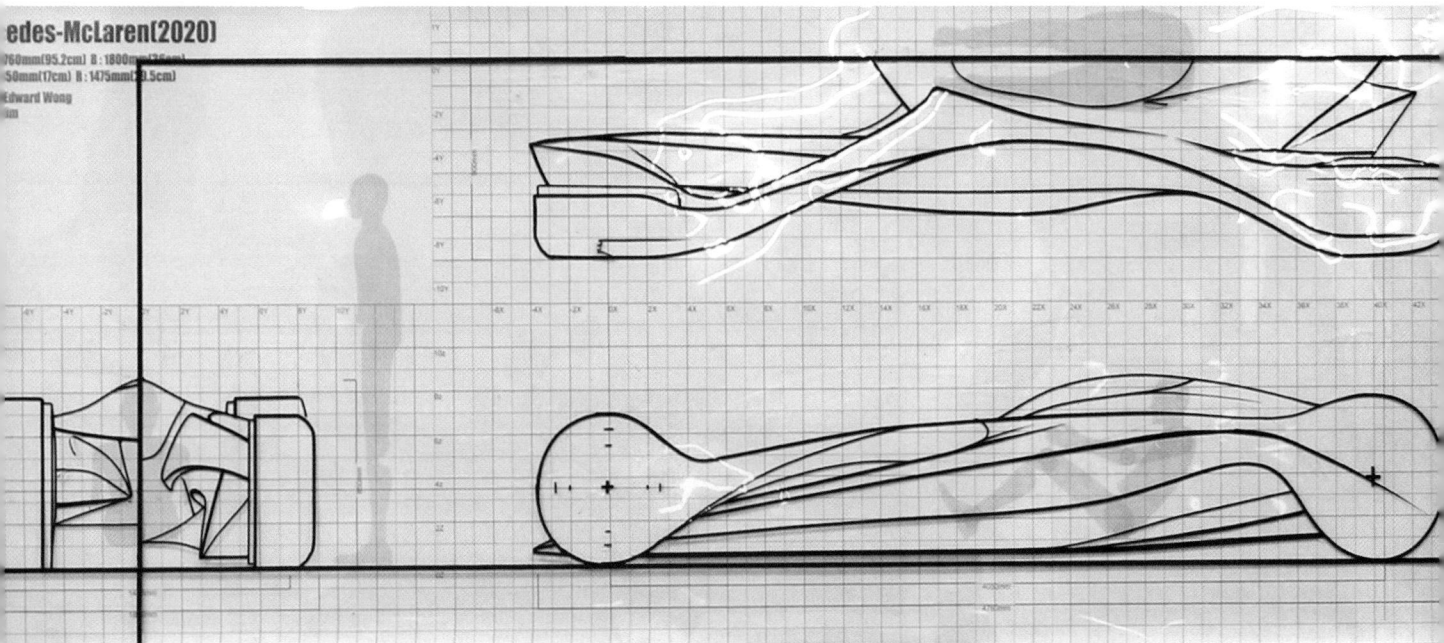

4.3.2 模型内芯及龙骨制作

步骤一

根据布置图（Package）使用硫酸纸绘制油泥模型支撑结构。

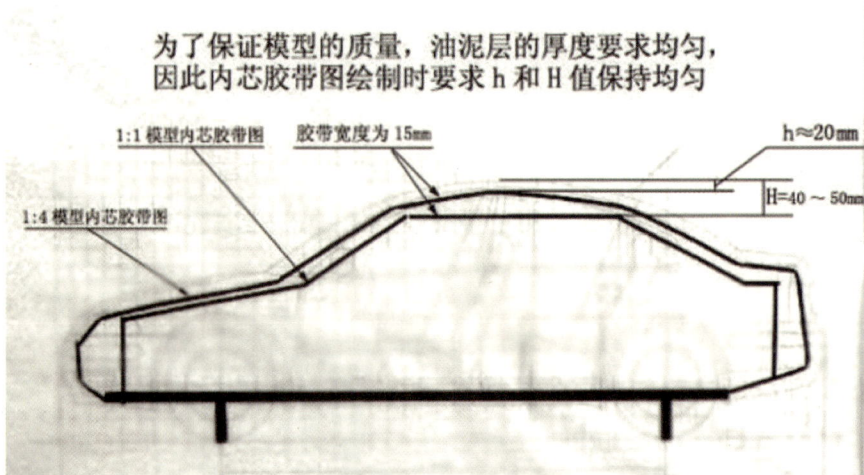

为了保证模型的质量，油泥层的厚度要求均匀，因此内芯胶带图绘制时要求 h 和 H 值保持均匀

1:1 模型内芯胶带图　　胶带宽度为 15mm

1:4 模型内芯胶带图

h≈20mm

H=40～50mm

步骤二

绘制泡沫板（苯板）的结构图，泡沫板的体积稍大于布置图。

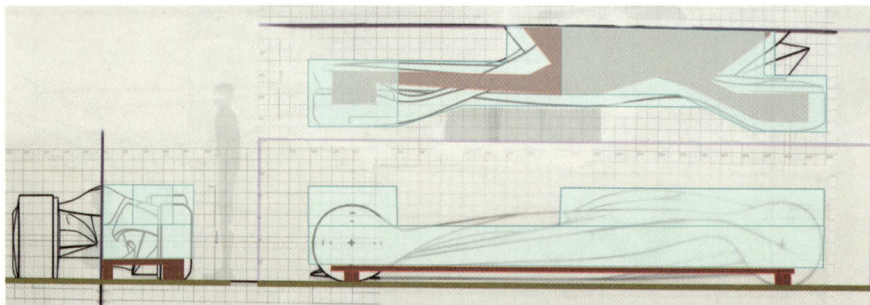

步骤三

准备模型底板并标注刻度，底板的长与宽应大于布置图模型长与宽 150~200mm，网格规格可以为 20mm×20mm 或 50mm×50mm。

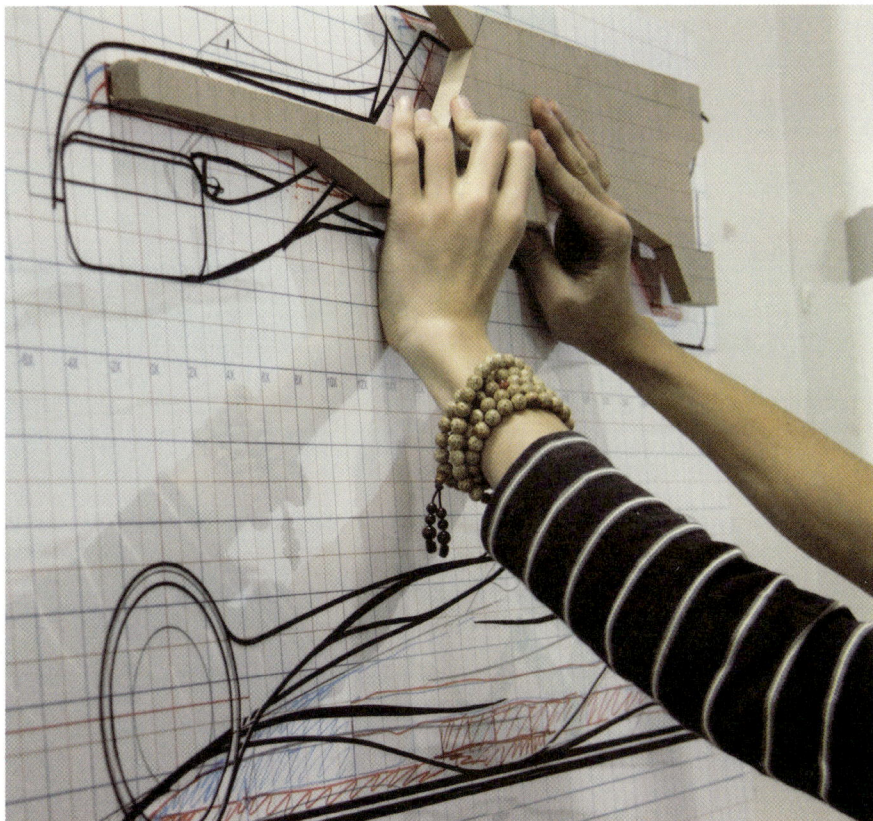

步骤四

　　模型底板一定小于模型的最少边缘，避免在油泥制作过程中露出木板。

步骤五

　　裁切模型底板，并以前后轮轴距为基准，制作支撑腿，支撑结构基本完成。支撑腿为实体木块，如图固定至模型底板上；支撑结构的支撑腿与刻度底板的前后轴线对齐。打孔，用木栓固定。

步骤六

　　按照BUCK图纸将泡沫板（苯板）依次涂抹泡沫胶，稍稍晾干1~2分钟，待胶表面呈黏稠状将泡沫板（苯板）与支撑结构堆叠至一起，并以重物压住6~8小时，待粘贴牢固后取下重物。

步骤七

　　对比布置图（Package），用泡沫钢刷将泡沫主体削至小于布置图（Package）10~15mm，通常情况下打比例模型的油泥厚度要达到1英寸（25.4mm），我们的模型比例相对较小，可适当减薄。

步骤八

　　将完成的Buck泡沫模型用刀柄或泡沫钢刷后端或马克笔等钝器轻轻敲击，形成5mm左右深度的坑即可；坑的密度不宜太密，适当即可（避免浪费油泥）。清洁吸尘，保持模型没有泡沫颗粒或粉尘。

　　完成上述步骤后，在泡沫模型各个表面上喷77胶（Super 77），稍稍晾干即可开始进入油泥模型的制作了。

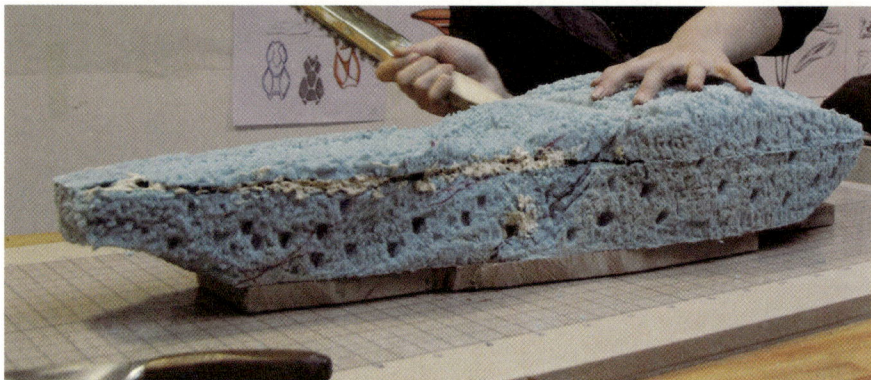

4.4 1:4 油泥模型制作

　　油泥模型制作是检验二维设计到三维的有效方式，在不断的线与面的调整过程中，推敲设计，使之更加的完美。

　　油泥模型制作是汽车设计中必不可少的步骤，在国内外的汽车企业与汽车设计公司都拥有专业的油泥模型部门来进行制作。学生想要达到高质量的曲面要求，需要长时间的训练和学习。

勒芒赛车设计
　　油泥模型作品欣赏

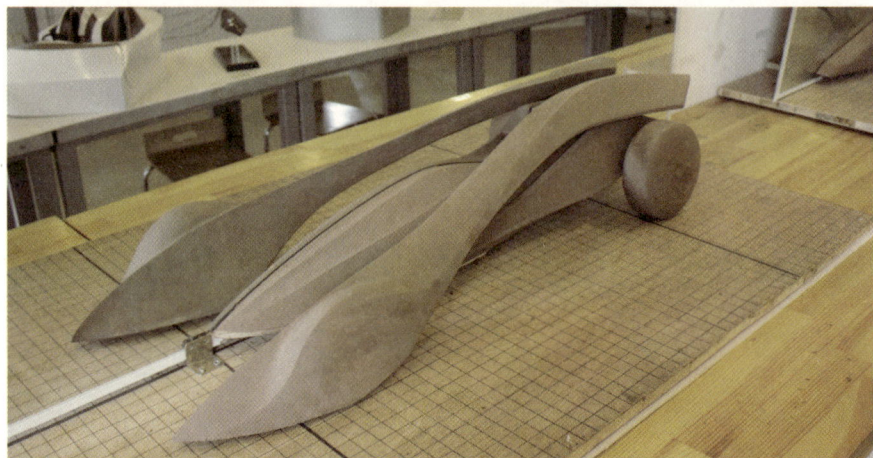

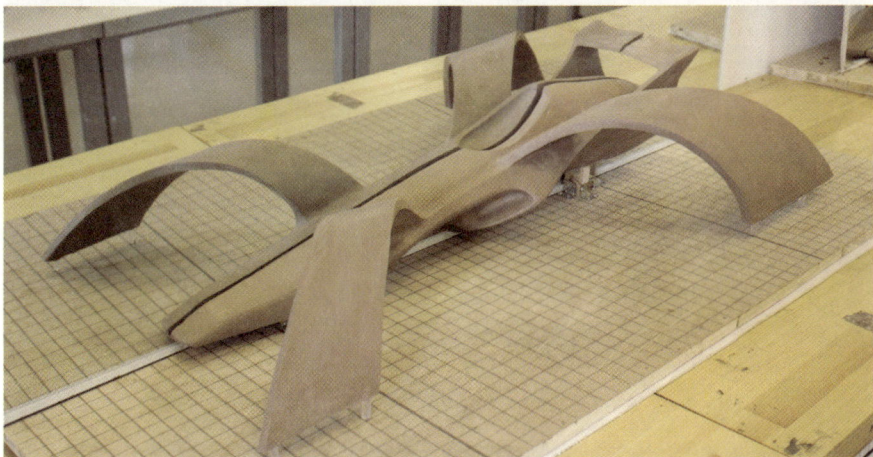

F1 方程式赛车设计
　　油泥模型作品欣赏

基础敷油泥手法

一般敷油泥的手法有两种：

第一种是手握一把油泥，用食指边推边压着将油泥一层一层敷在做好的模型骨架上；

第二种是用食指、中指、无名指将手中的油泥一层层压在模型骨架上。

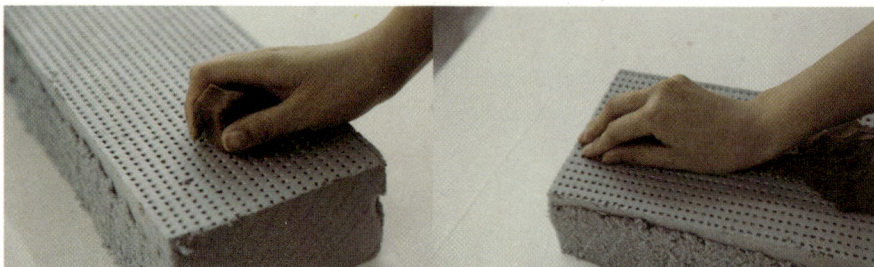

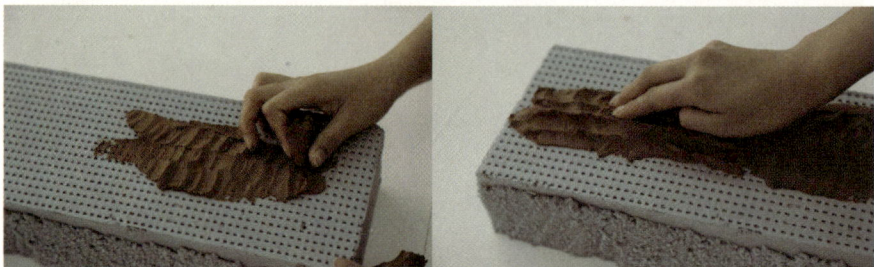

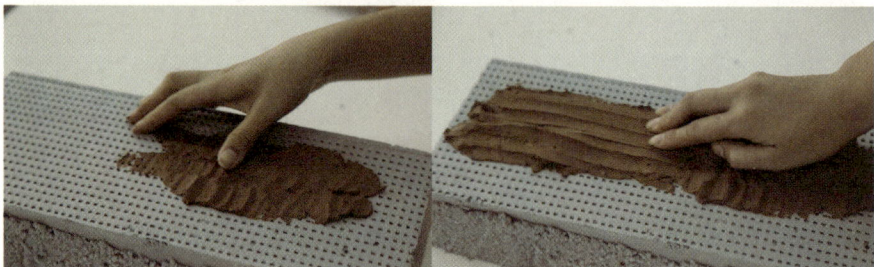

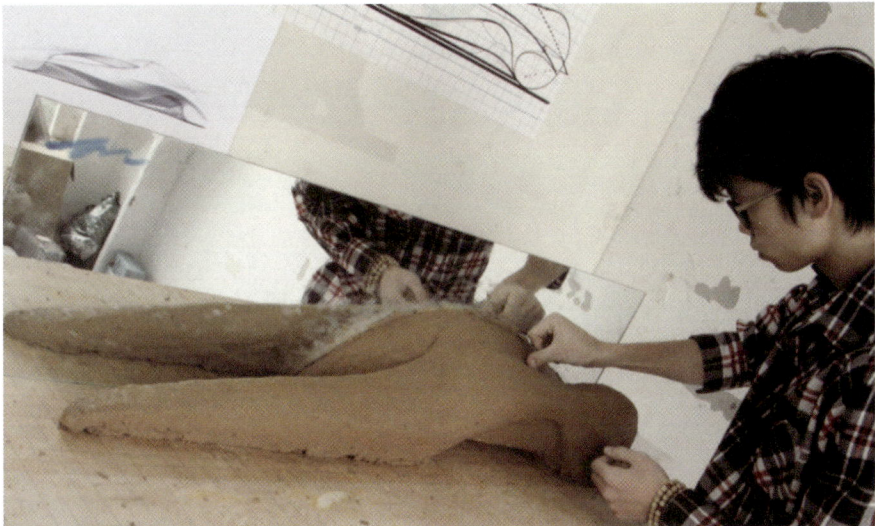

步骤一

在敷油泥之前，可在泡沫表面喷涂 77 胶（Super 77），以增强油泥的附着。层层叠加油泥，对比布置图，油泥敷至稍稍多于布置图尺寸即可。

步骤二

接下来进入油泥粗刮—调整—精刮阶段，主要适用刮刀与刮片。

经过带有齿的刮片处理后的油泥表面呈现如图所示的效果。没有齿痕的区域则需要添加油泥。

步骤三

油泥刀是我们的"画笔"，在油泥表面"作画"。在调整油泥形体与曲面的时候，需要用到油泥刀将需要调整的曲线和调整量做好标记，再用油泥刮刀和刮片进行修整。

步骤四

　　用刀背画线，将我们事先做好的轮
腔卡板对准刻度地板的前轴线，在油泥
两侧画出轮腔线，将油泥挖空。

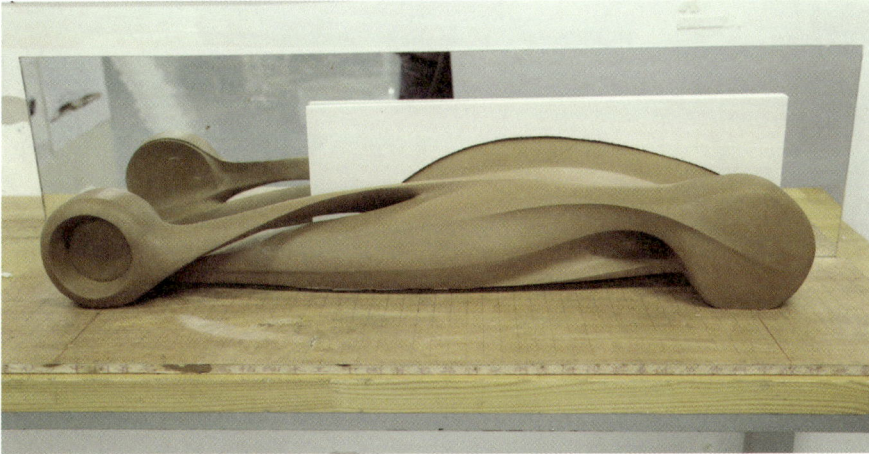

步骤五
中线卡板制作，在布置图的基础上，记录数据并将中线拷贝在薄木板或者硬板上，保留负形。在制作油泥模型的过程中可以随时检查线与形的精确程度。

步骤六
如图所示，在油泥模型特征明显的几个位置制作切线卡板，确保油泥模型的准确性。

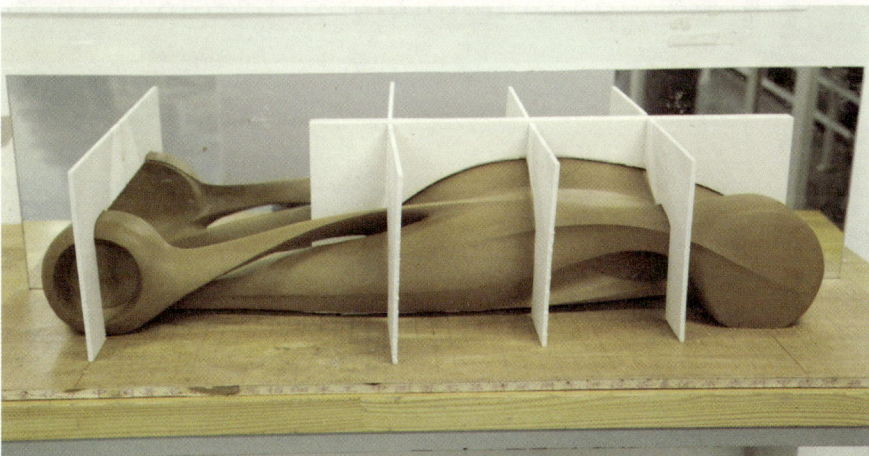

步骤七
测量油泥数据调整油泥。

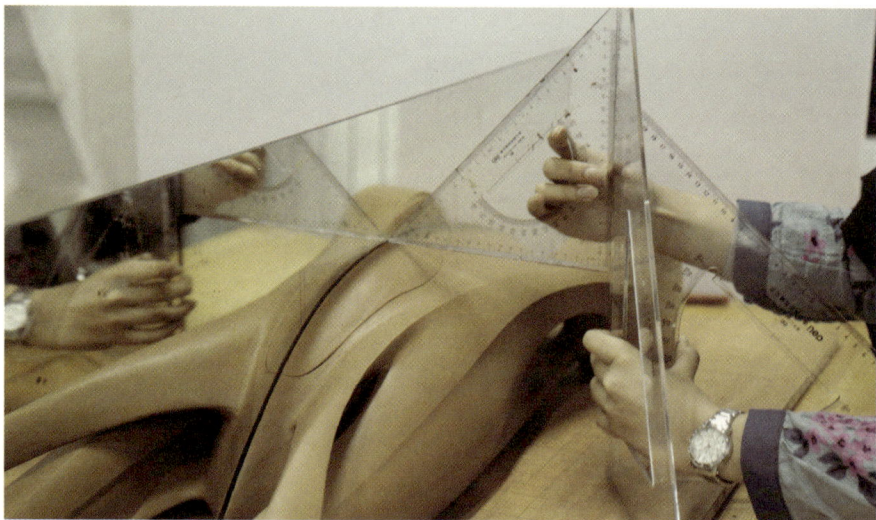

步骤八
面处理从一个面开始将油泥精刮；
完成后，用油泥胶带确定线；再贴一层
纸胶带保护已完成的油泥表面；调整下
一油泥面，直至完成。

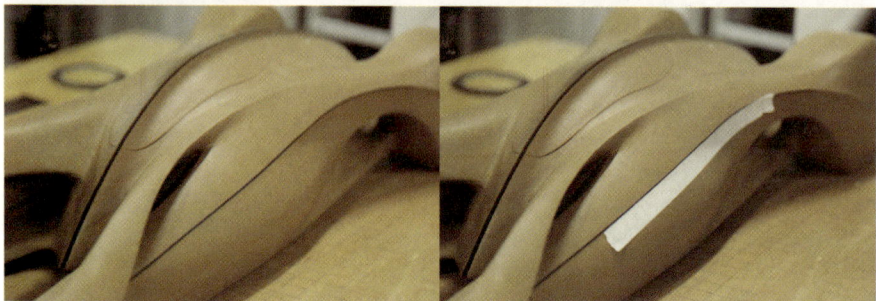

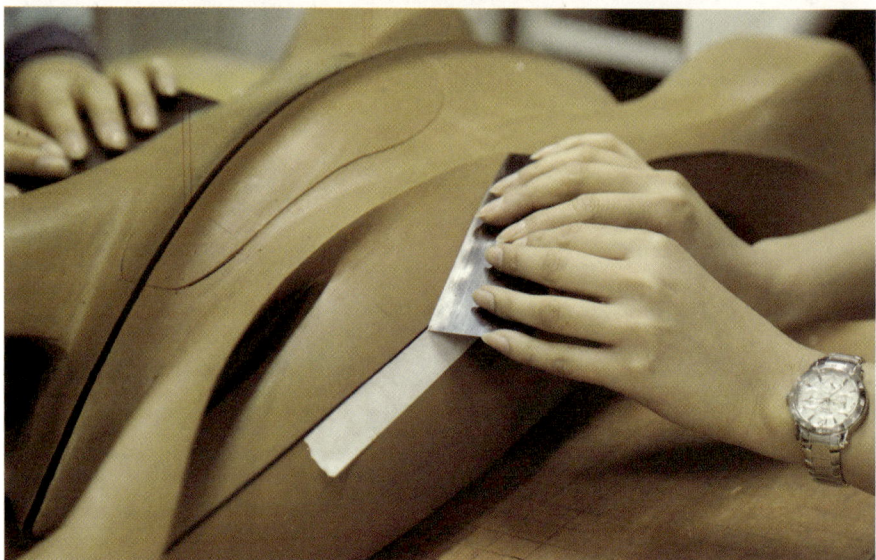

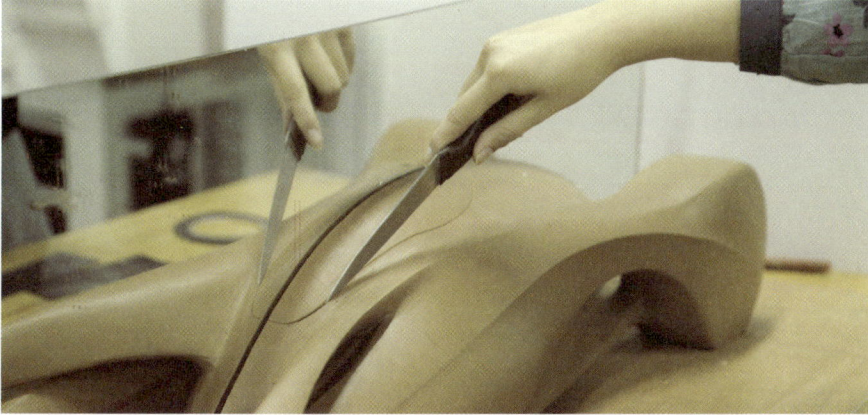

步骤九

　　油泥检测与调整，在调整过程中，用到最多的就是刀，再模型上画出需要调整的线再进行。

油泥模型最终效果

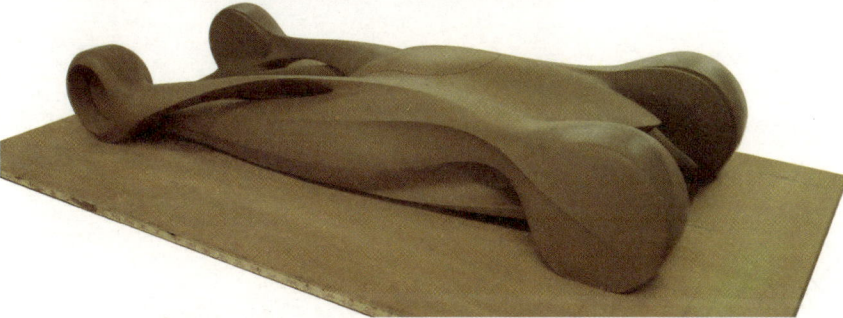

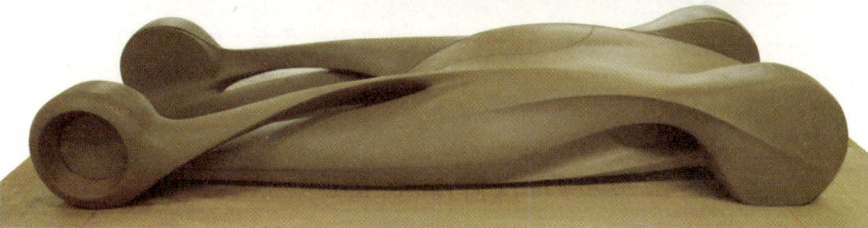

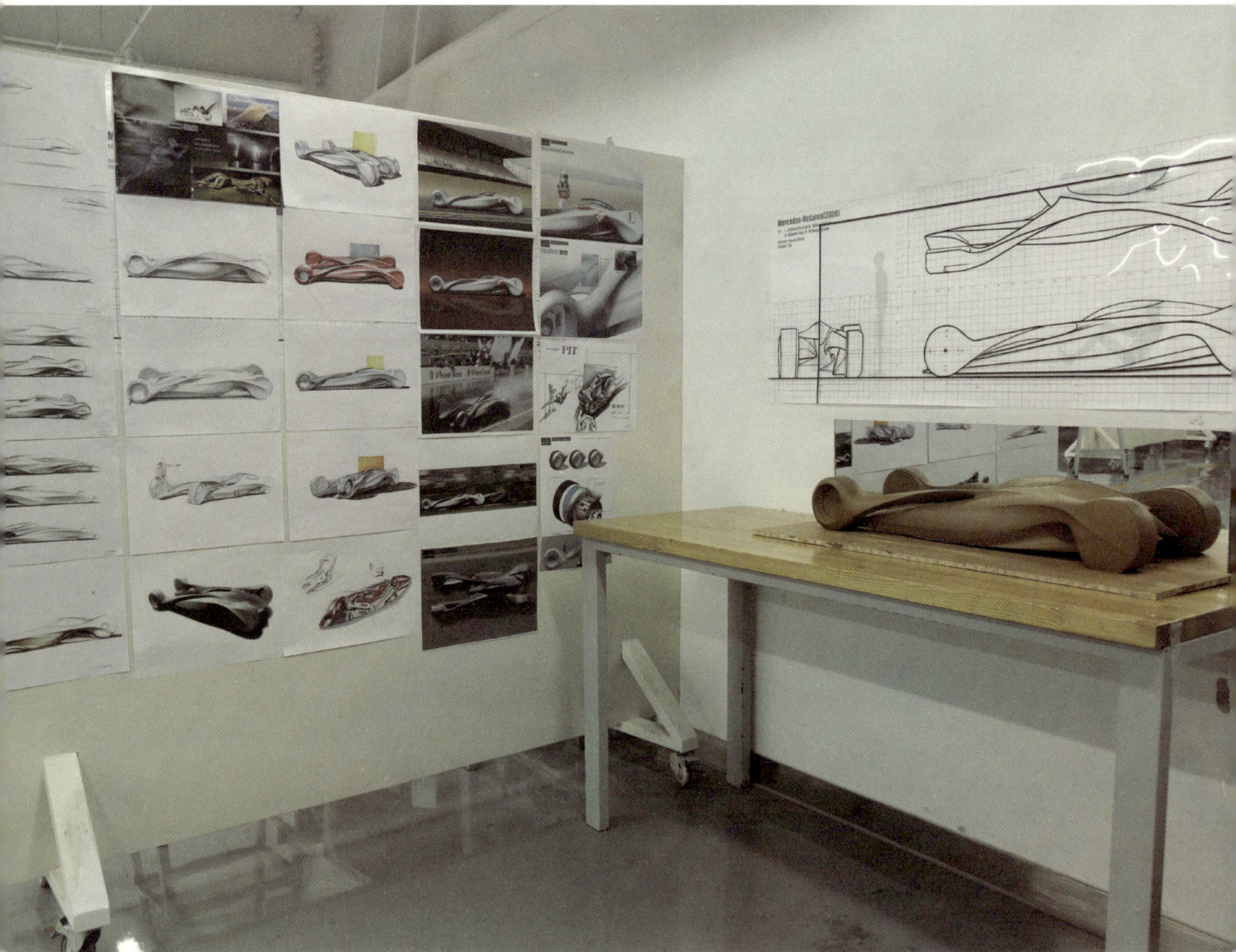

最终设计方案汇报展示

4.5 三维手持扫描

在现代的汽车设计中，三维扫描可以更简易快捷地实现实体模型到三维数据模型的采集，而且可以轻松掌握。它的使用界面易于操作，系统软件简单方便。同时，不要求使用者拥有激光扫描领域的任何专业性知识。它的原理是基于所扫描部分的三维曲线的阵列，然后由面生成模型以输出处理。

通过该扫描仪，我们可实现数据获取、表面重构、数据转移、逆向工程 / CAD、检测、快速成型或釉泥模型、3D 仿做、数字复制或设计等多项工作。

手持扫描仪可针对比例模型、局部或零部件进行数据采集，但相对整车、整个空间的数据获取来说，手持扫描仪具有一定的限制。常用的有三轴或五轴数字模型扫描平台。

以 3D 手持扫描仪来为大家介绍数据采集的过程

步骤一
    贴感应点，组装电脑与设备。

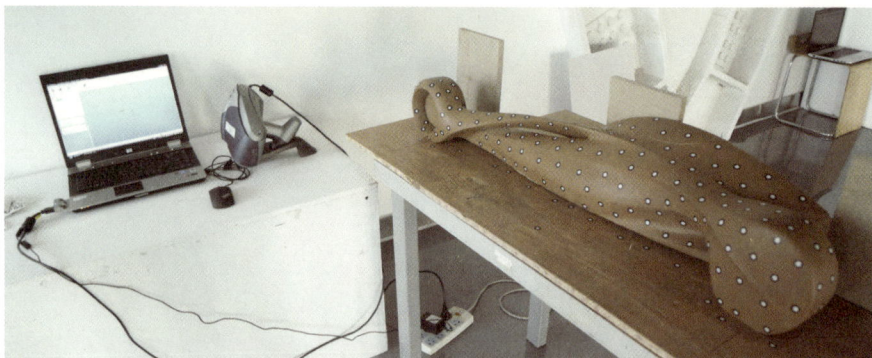

步骤二
    坐标点扫描将反光点扫描至坐标系，扫描速度及距离参照指示色条，扫描头保持垂直于扫描面。

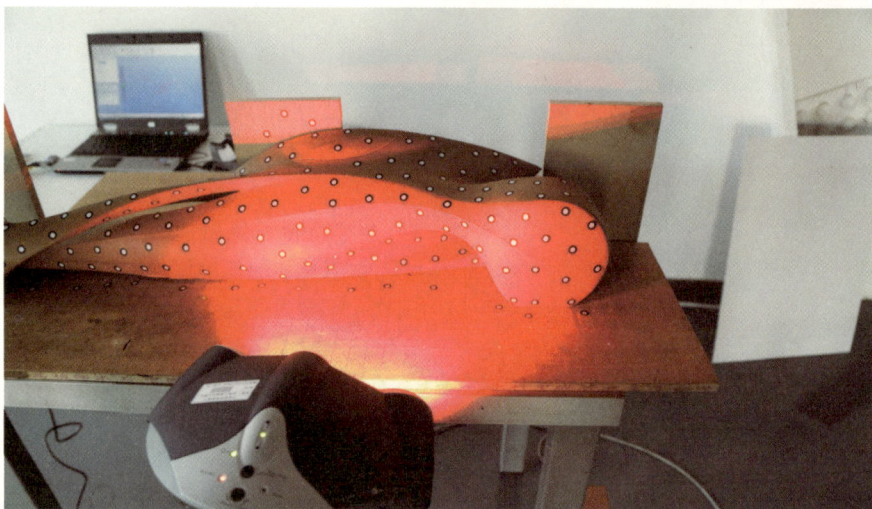

    检查扫描点，确定所有点被扫描之后，存储坐标点切换到面扫描，点击开始进入下一步。

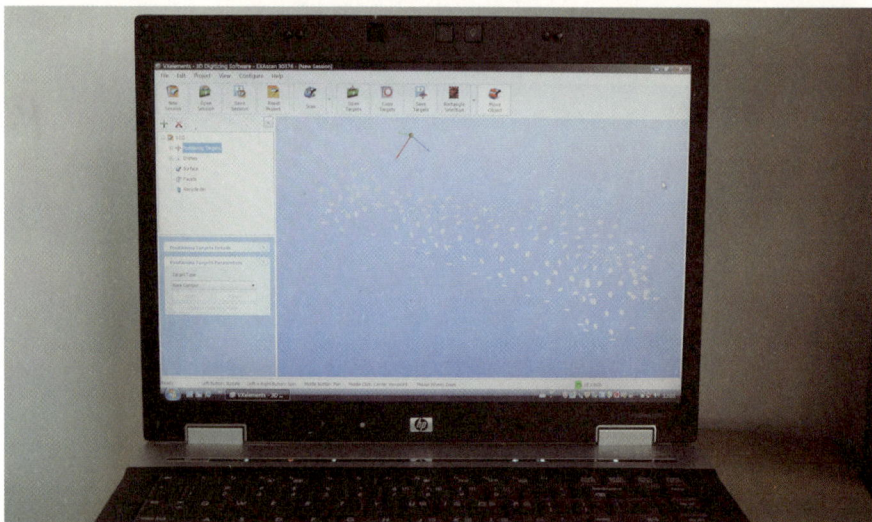

100

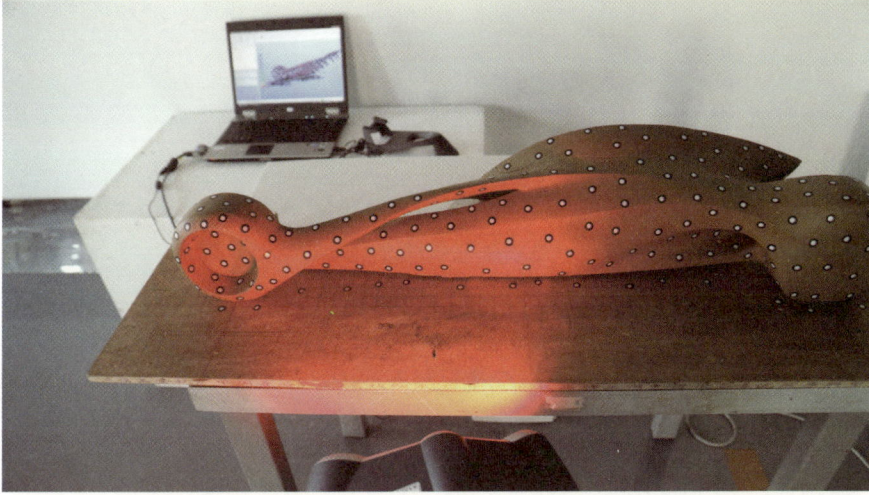

步骤三

　　曲面扫描，选择一个面开始，按顺序扩散式扫描每个模型面，注意扫描头保持垂直被扫描面，并保持匀速扫描，特殊和复杂面可通过多次扫描增加准确度。

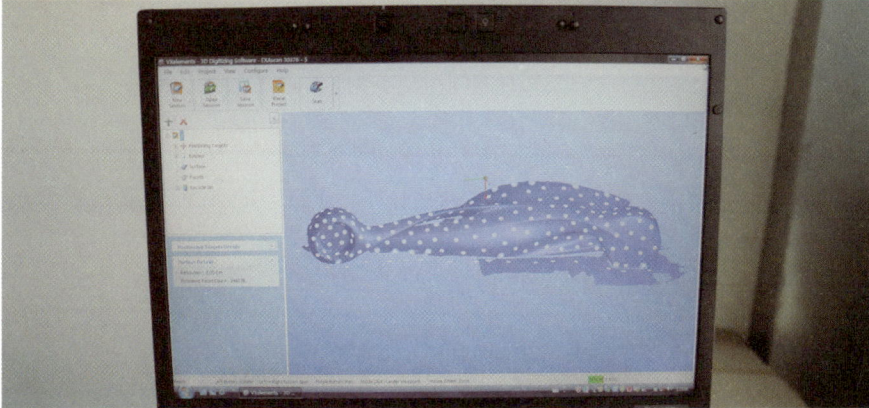

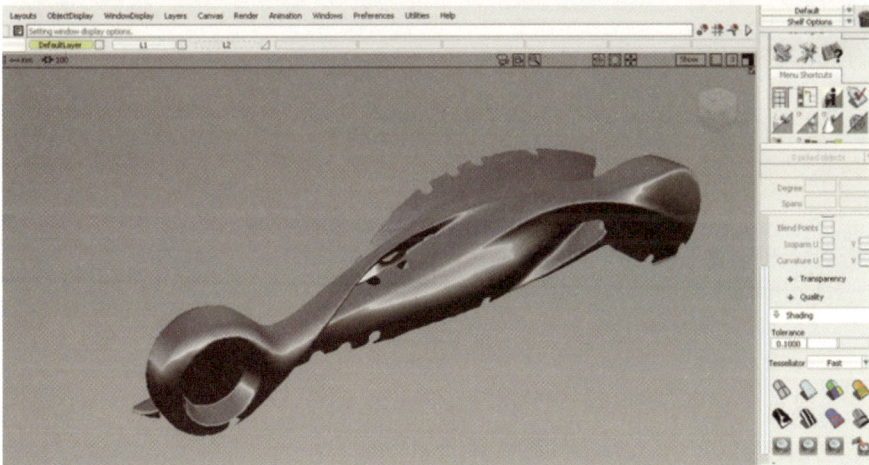

步骤四

　　检查数据模型并存储文件（存储格式 stl 格式可以在 Alias 建模软件中打开）。

　　清洁设备放回设备箱，并回收感应贴。

4.6 电脑数据模型制作

Alias 作为世界领先 3D 图形技术提供商，为汽车、工业设计和可视化市场及电影、视频、游戏、网络、互动媒体和教育市场开发众多软件，定制开发和培训解决方案。同时也为从初级到高级的各类用户提供其最需要的服务项目。各类学习工具及培训、支持和专业服务能够满足严格的制作需求。是交通工具设计教育和行业必不可缺的三维软件之一。

Autodesk Alias Studiotools 软件是目前世界上最先进的工业造型设计软件。是全球汽车，消费品造型设计的行业标准设计工具。Alias 软件包括Studio/paint、Design/Studio、Studio、Surface/Studio 和 AutoStudio5 个部分，提供了从早期的草图绘制、造型，一直到制作可供加工采用的最终模型各个阶段的设计工具。

Alias 软件拥有：

灵活控制的三维空间；
强劲而众多的曲线及曲面控制功能，比照片更漂亮的渲染效果；
NURBS 曲面输出不但可作快速成型及模具制造用途，更可直接输送至其他CAD 系统；
使用 Alias 设计产品的高效率足以让您游刃有余地规划今后 5 年的设计。

勒芒赛车设计 Alias 案例

前四分之三角度

后四分之三角度

步骤一

　　操作界面了解，操作界面分为模型区、工具区、渲染区等。

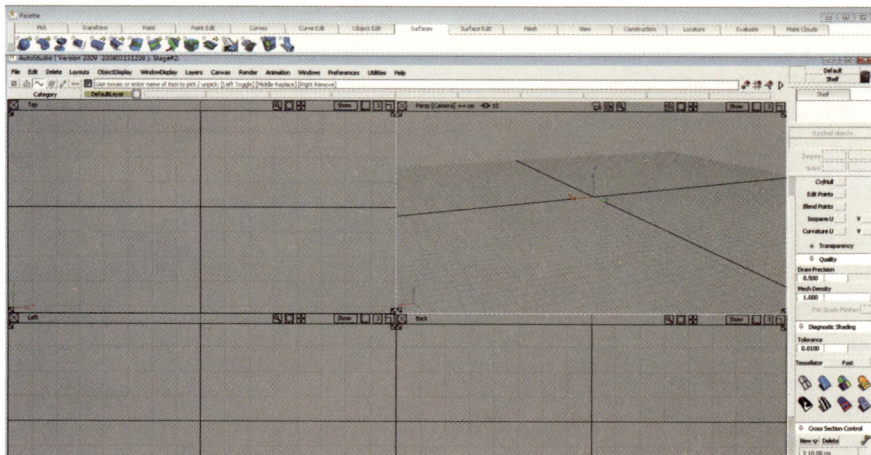

步骤二

　　数据模型准备步骤首先在文件选项中新建文件。

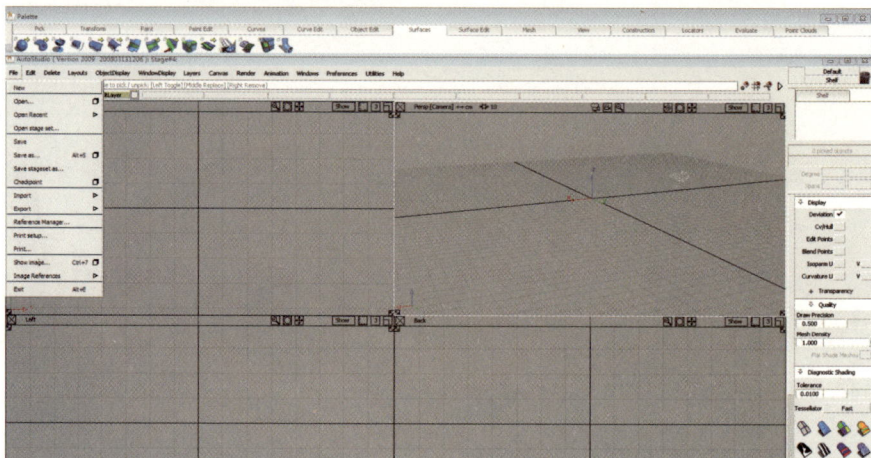

　　将四视图分别放入文档中，按照模型相应的比例尺寸，调整底图的大小，四个视图尺寸对应统一。

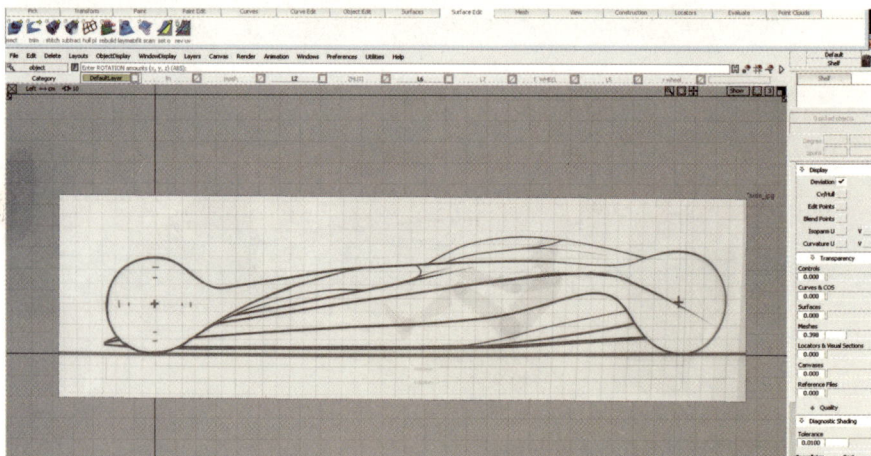

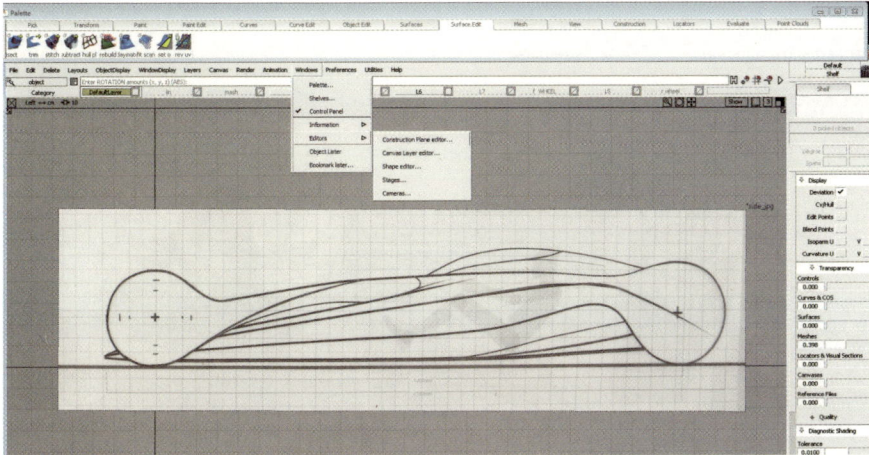

打开 Alias 上方【Windows】选项，点击【Information】展开，点击【Construction Plane Editor】，出现对话框，可调整数值，根据需要改变图片的透明度，使图片不影响接下来的建模视角。

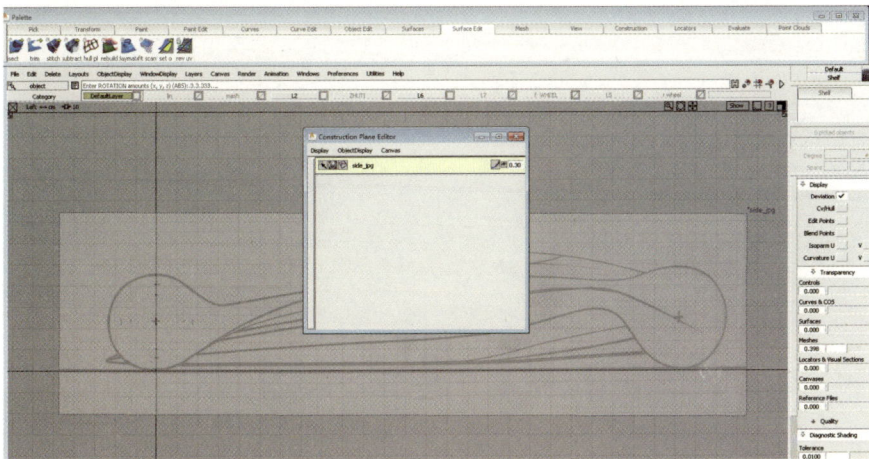

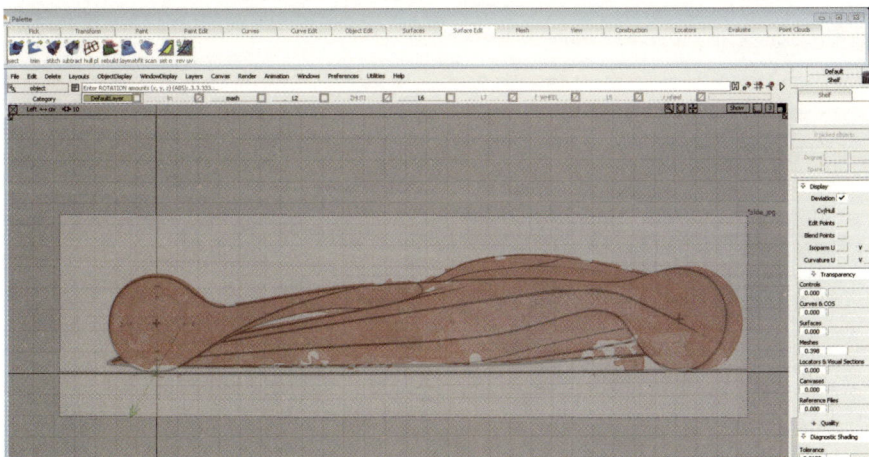

导入前面扫描过的模型数据，与四视图吻合。

步骤三

　　建线，根据四视图的线，在空间里创建 curve 线。

　　选择一个视图开始建线，通常情况下，会从侧视图开始，同时在前后视图或顶视图中调整。透视图中便可以看到线的整体情况。一般创建线要长于模型的线，长线可以保证线的曲率。多余的线可以剪裁。

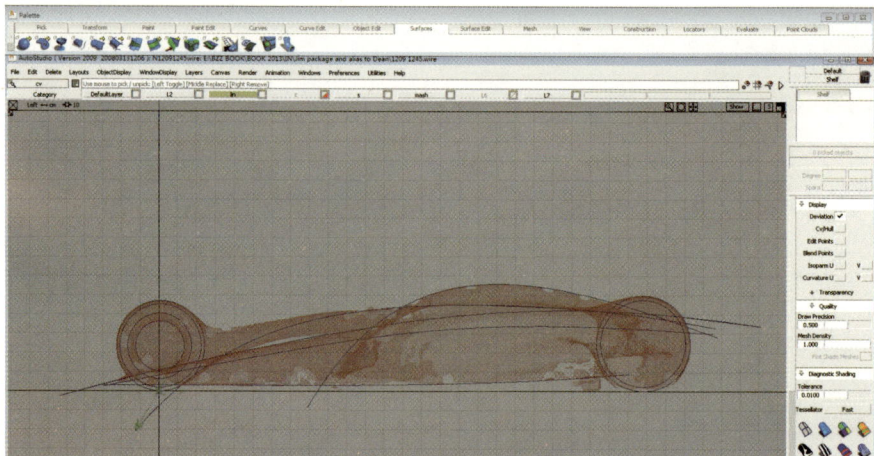

曲线调整

　　在不同的视图中不断审查调整，直到得到符合设计的线条。

　　键盘 Ctrl + Shift，按住鼠标左键，滑向 CV，在任何一个视图中框选要调整的编辑点，拖动即可。大家也可以尝试按住键盘 Ctrl + Shift，鼠标左中右键不同的功能。

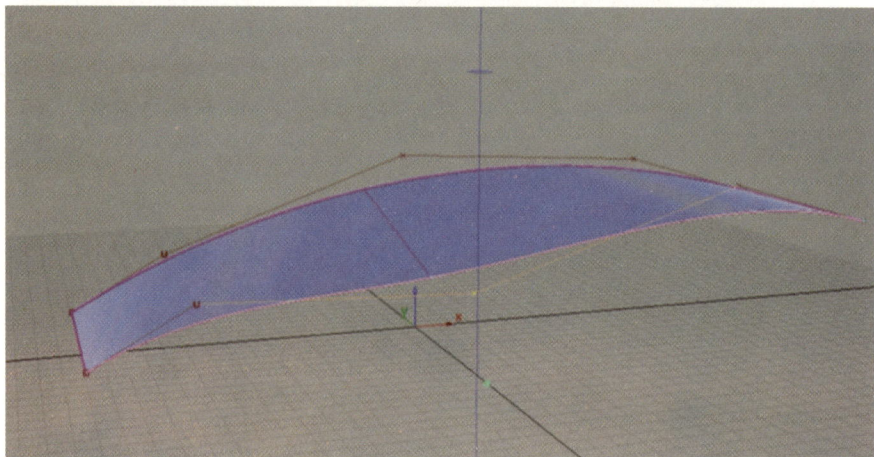

步骤四

　　以线建面并调整，根据完成的线将大的体面完成，参照设计的形面变化，切线变化创建面；调整面上的线，使形面完全达到想要的设计效果。

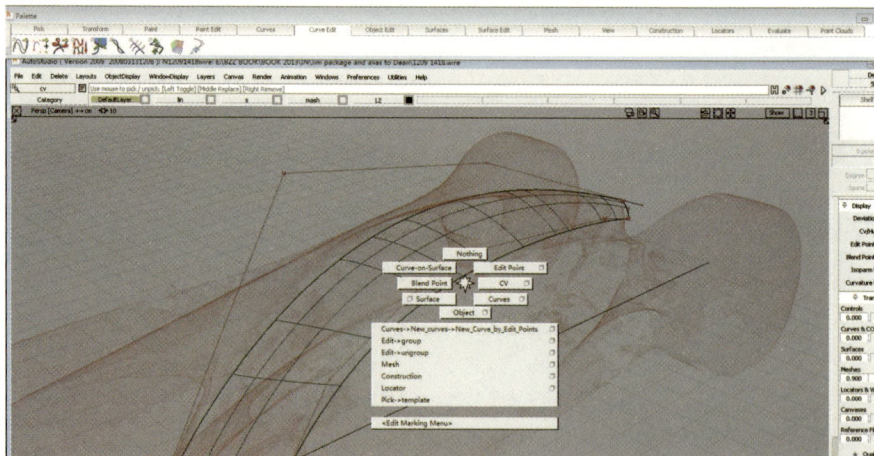

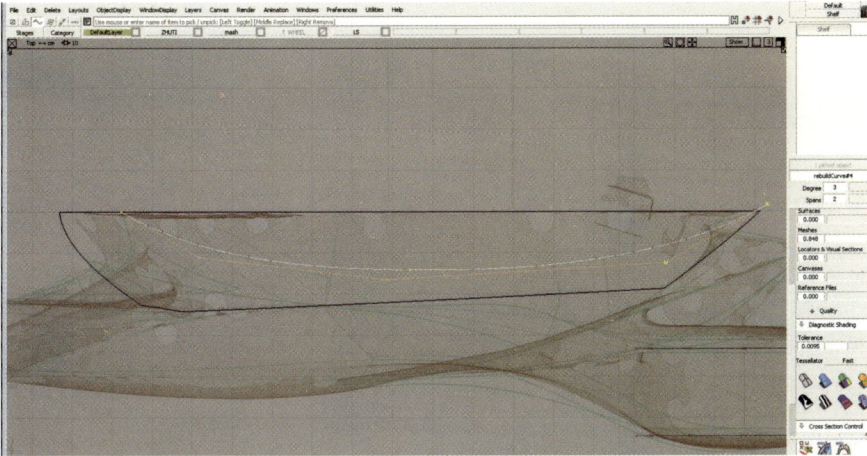

步骤五

　　裁切，在空间里建线，从不同的视图中将线投射到面上，形成投射切线。相互交错的形面相切也可形成切线。沿切线可选中需要的部分保留，删除多余面，保持形态的整洁与完整。

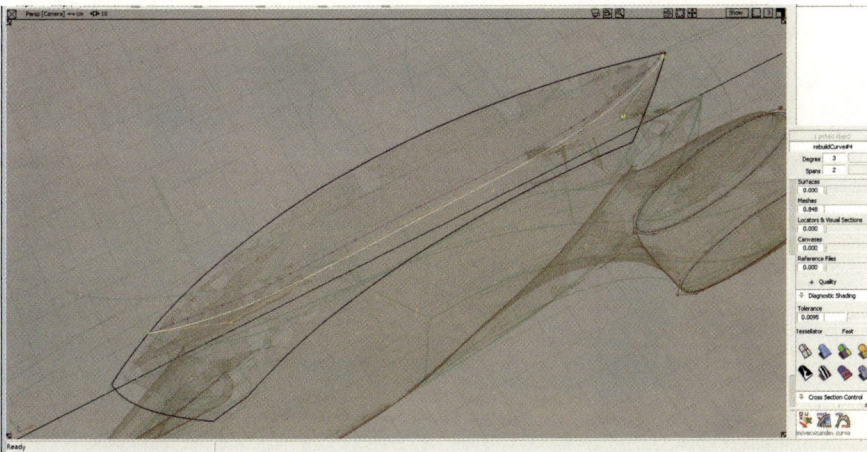

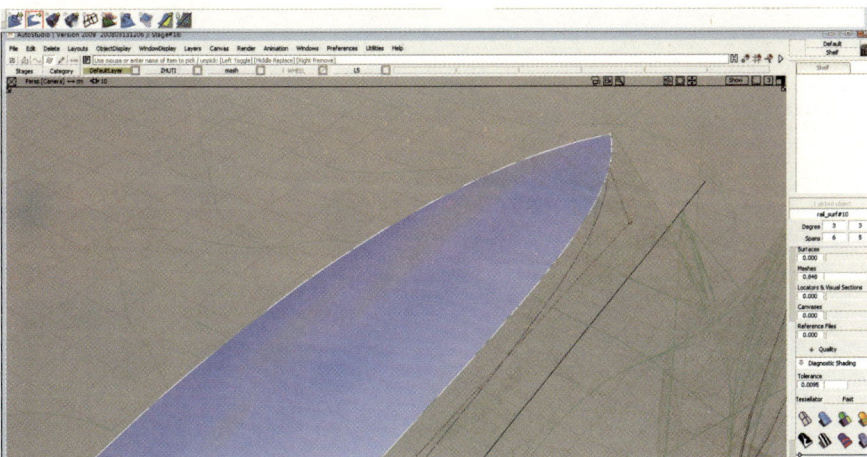

步骤六

倒角。我们可以粗略地将倒角分为两种：一种是通过菜单栏中的"倒角"指令完成，通常应用在规则形态部分；一种是通过以线建面来完成的不规则倒角。

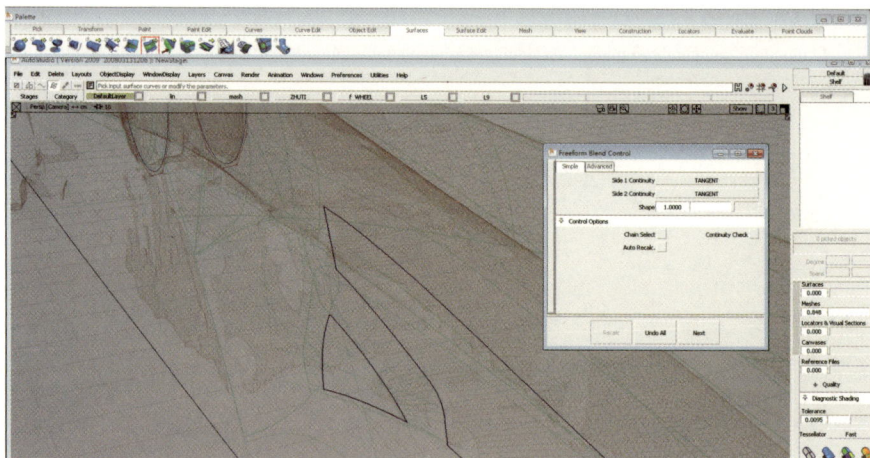

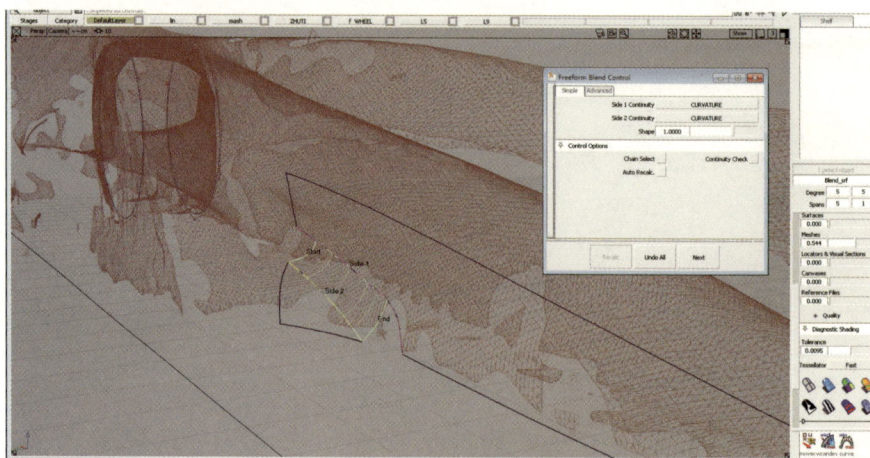

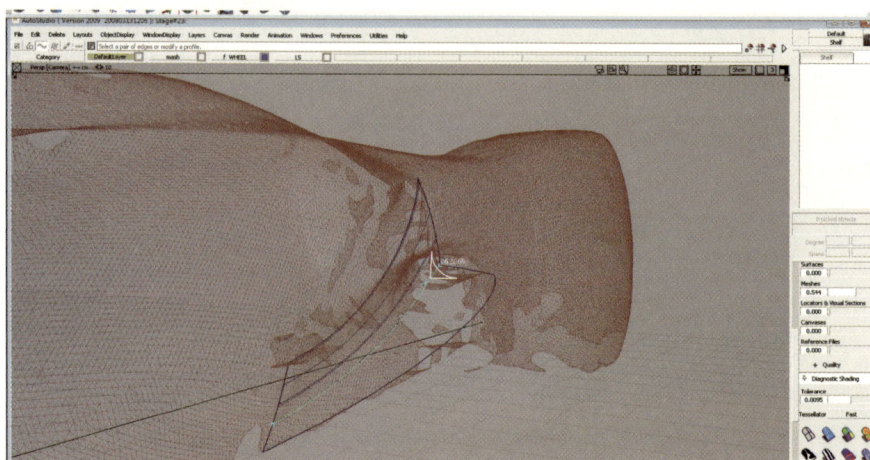

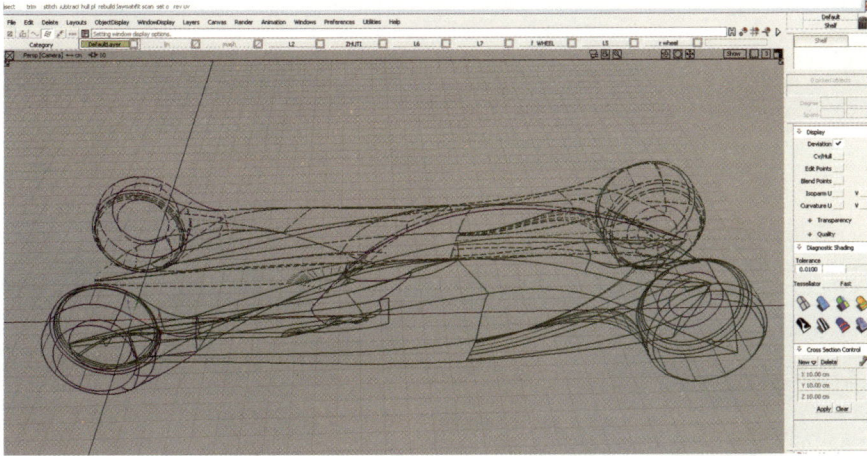

步骤七

　　建立整个模型的大面，参照手绘效果图及软件效果图及油泥模型，完成整个模型的所有形面。

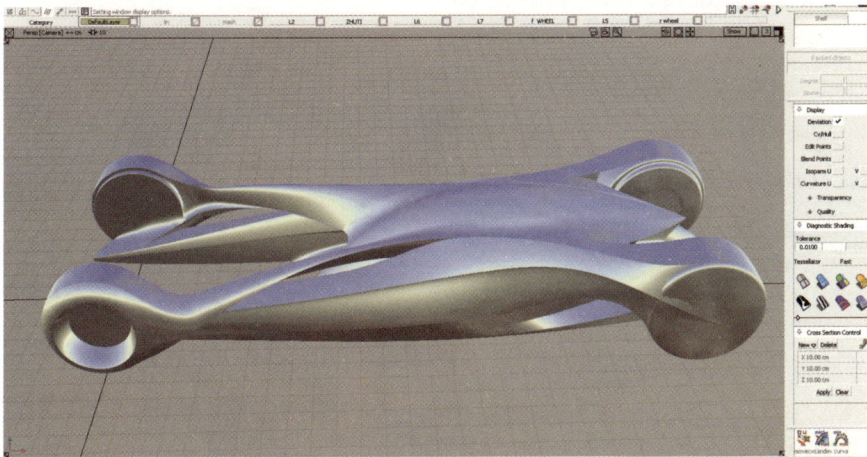

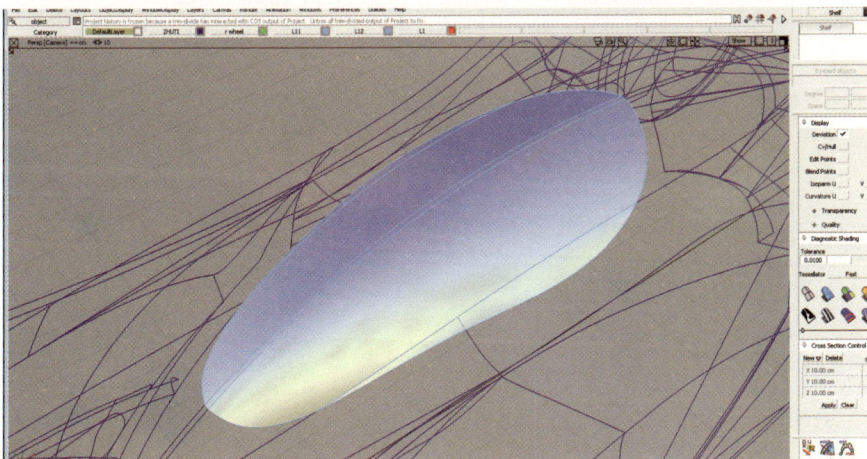

步骤八

　　细节调整，把设计细节添加进去，如切线、尾翼、气流孔、轮毂等等。

步骤九

整体完成效果图，Ailas 模型的精细程度，不仅能影响后期渲染效果，更能体现出设计师对自己设计的探究程度。

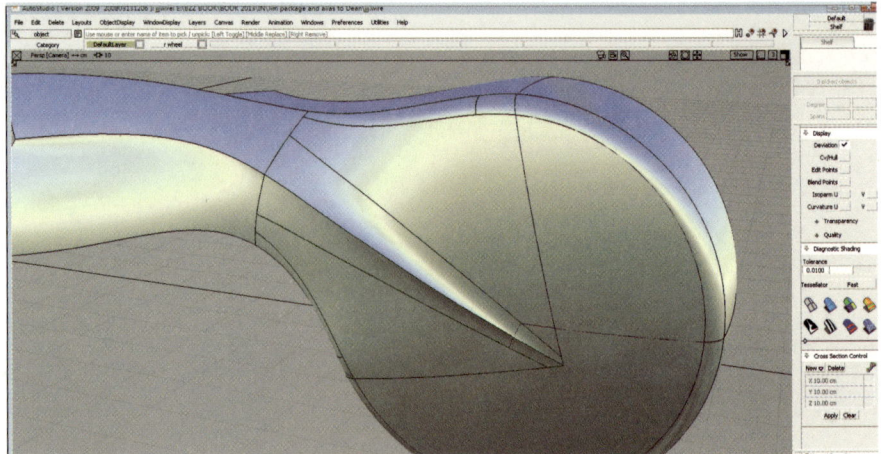

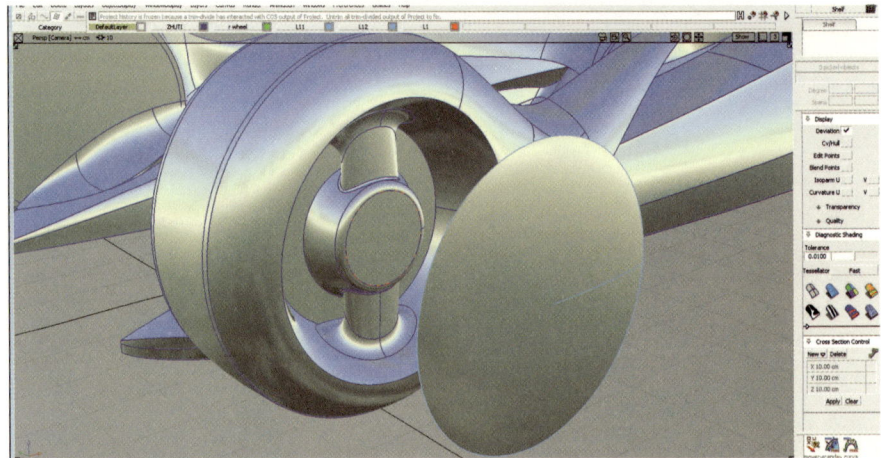

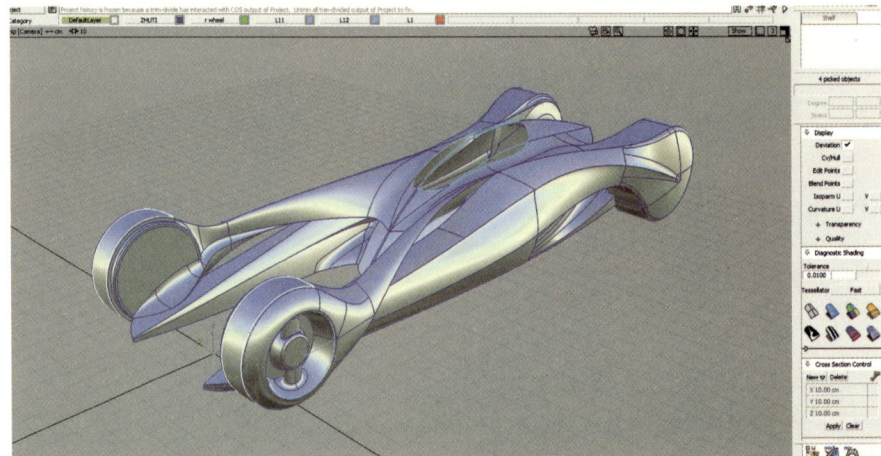

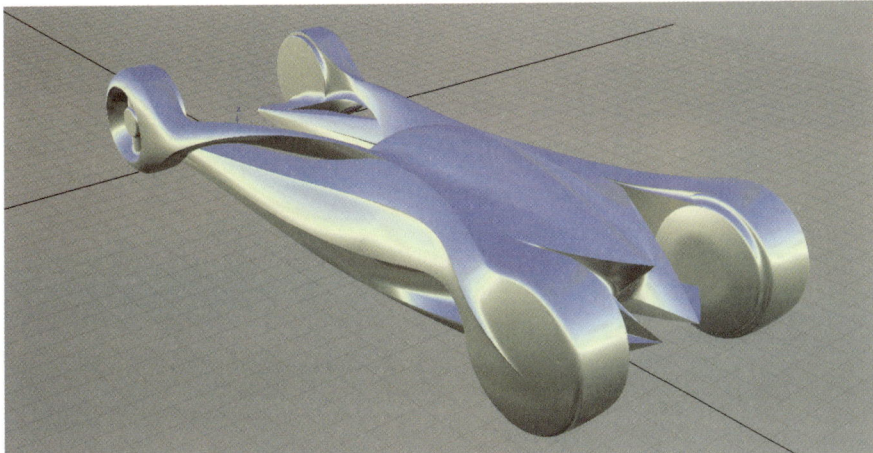

最终设计 F1 设计方案数据效果模型

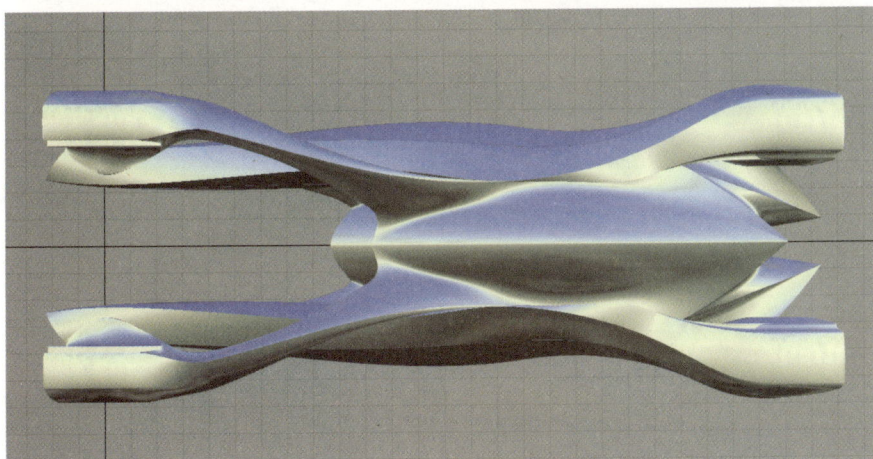

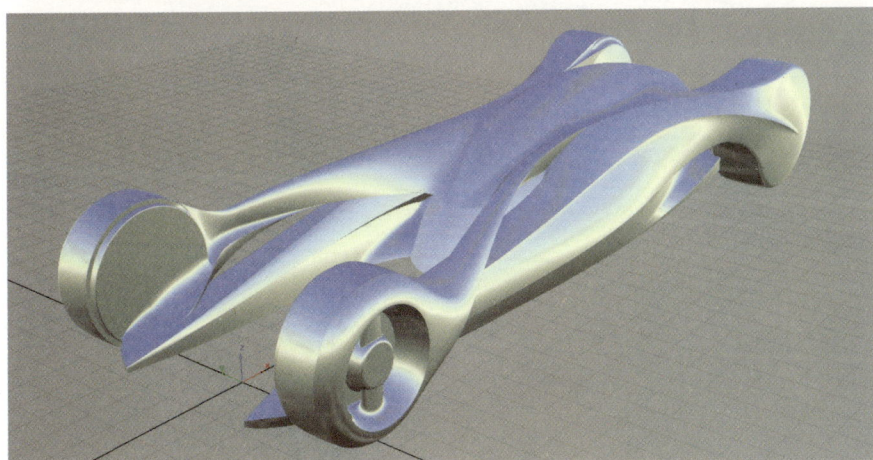

4.7　数据模型渲染效果

　　KeyShot 意为 "The Key to Amazing Shots"，是一个互动性的光线追踪与全域光渲染程序，它无需复杂的设定即可产生相片般真实的 3D 渲染影响。

　　KeyShot 操作界面简单清新；直接界面实时交互渲染；为场景和产品直接提供的照明方式；同时它具有大量的材质和颜色预设。在产品开发过程中的可视化效果上有着极大的优势。

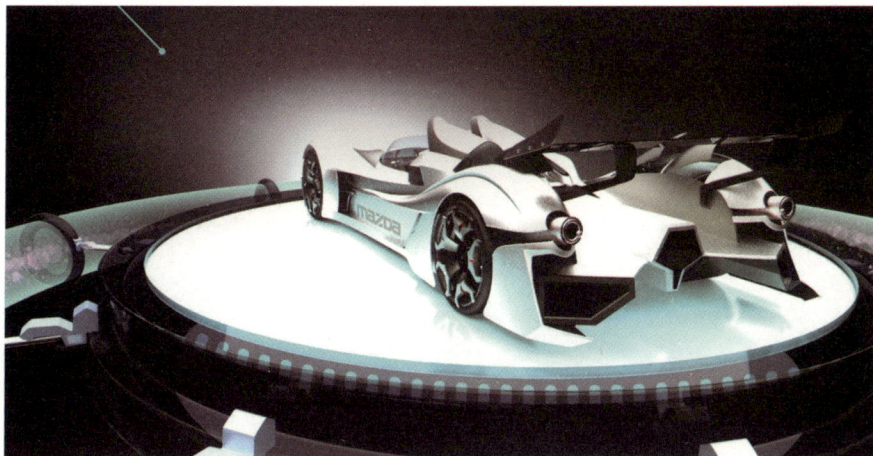

勒芒赛车设计作品
数据模型渲染效果图

以 F1 方程式赛车设计案例演示软件使用步骤

步骤一

　　我们将 Alias 文件存储为 Iges 格式，在软件中导入。

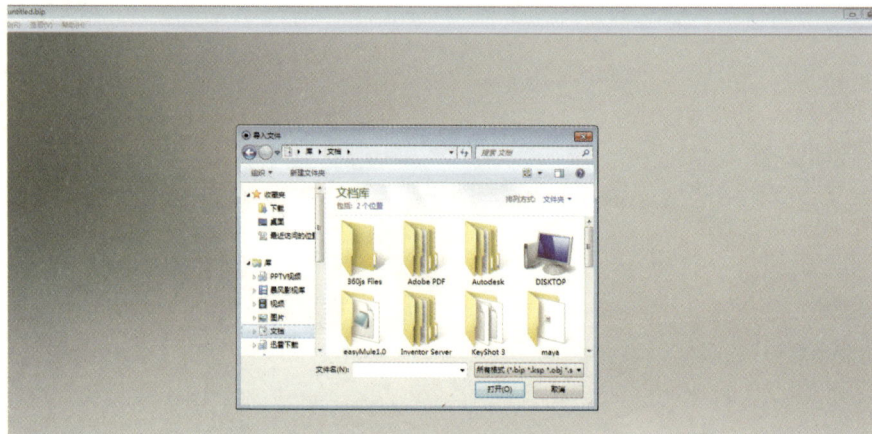

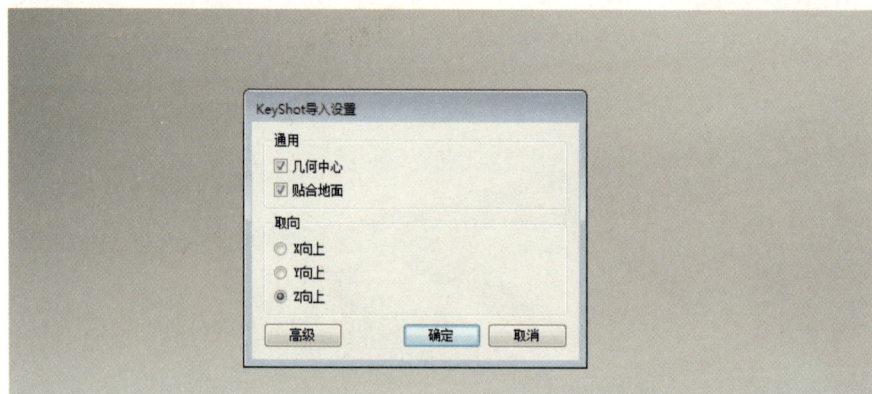

　　文件导入后，整个模型如图所示呈现白模状态。

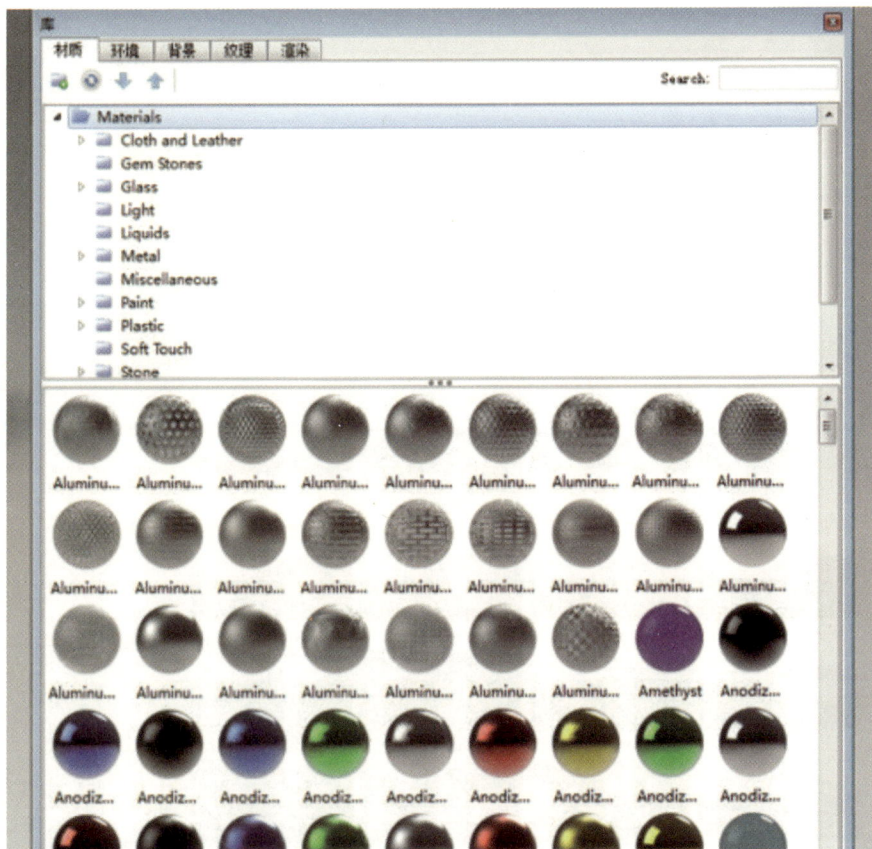

步骤二

　　着色，在"库"中，选择分类中相
应的材质并调整喜欢的颜色。完成整体
设计方案的配色，并调整所选材质的设
置参数，以符合设计想要达到的效果。

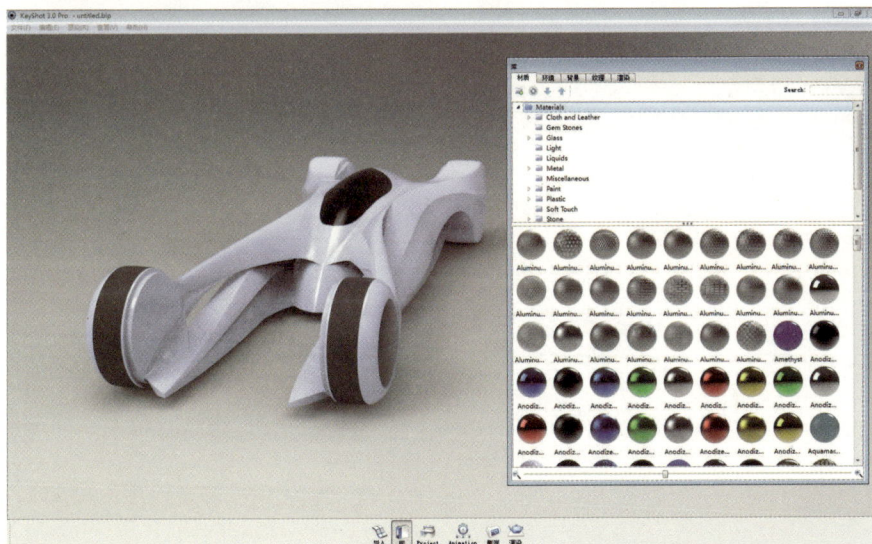

步骤三

　　添加环境，整体颜色完成后，在"库"中环境选项中选取环境拖入软件界面。这样带有材质的模型便会融入环境中，反射等效果都会呈现。在背景选项中便可以将想要的背景图片添加进去。

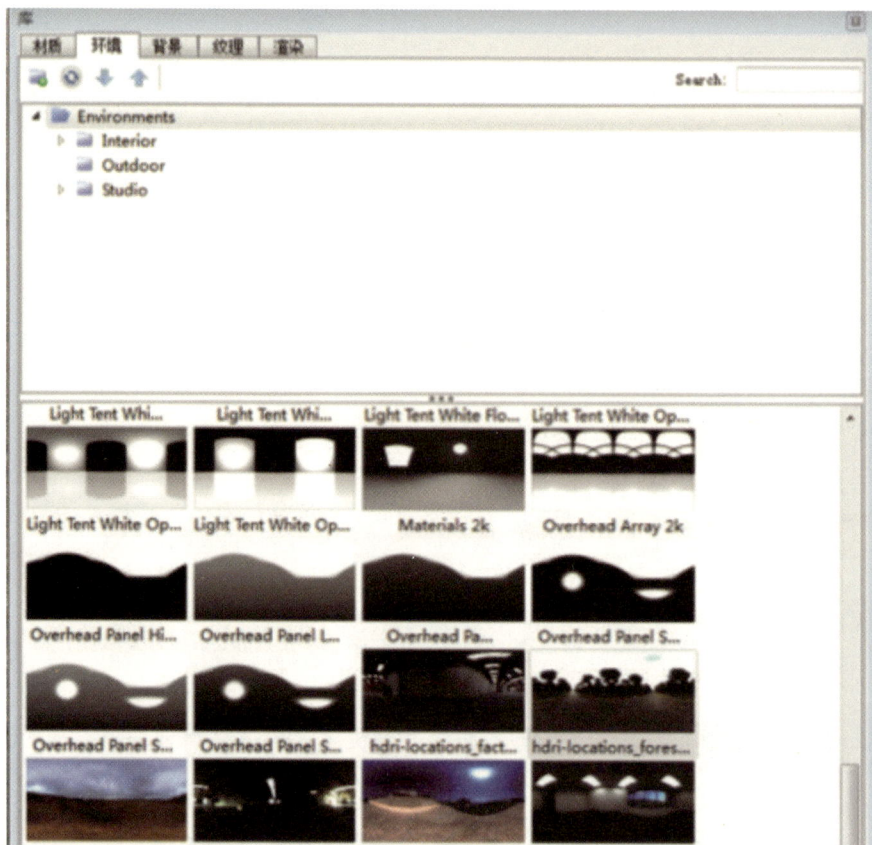

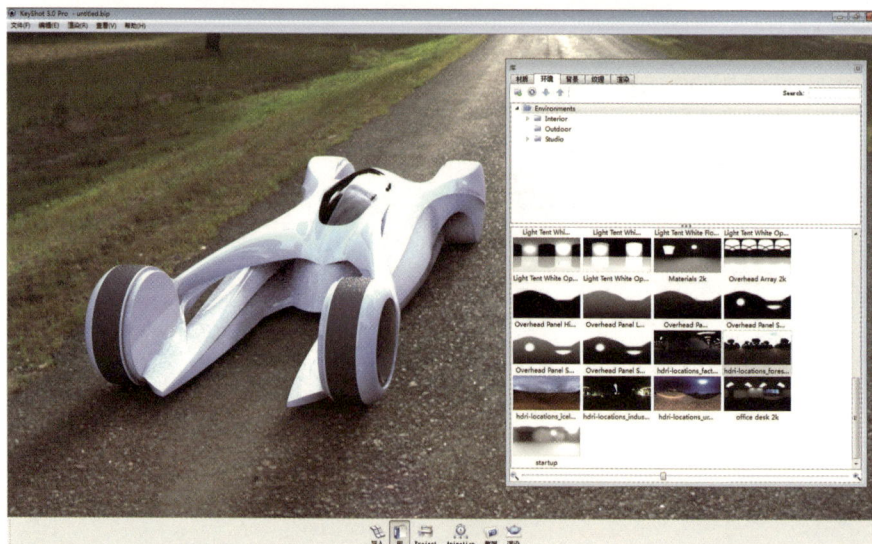

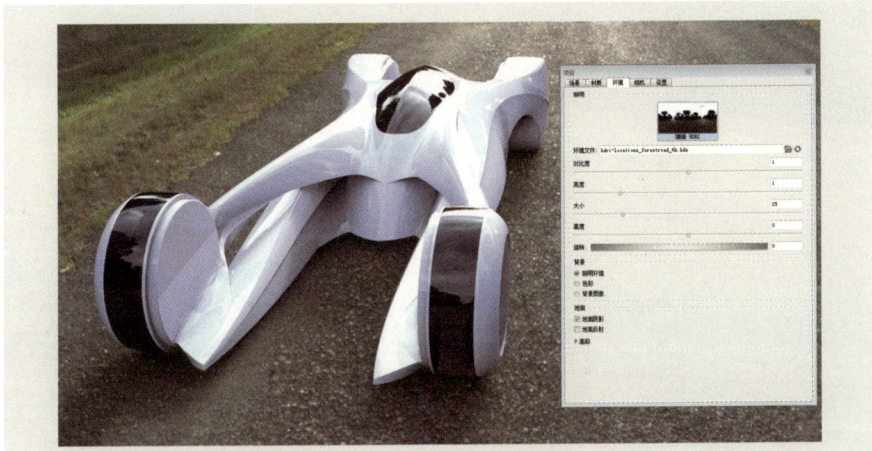

步骤四

调整设置，点击键盘空格键，便可看到 Project 设置界面，调整画面对比度、影子深度等。按住 Ctrl 与鼠标左键，在画面中拖动，可以调整光源方向。

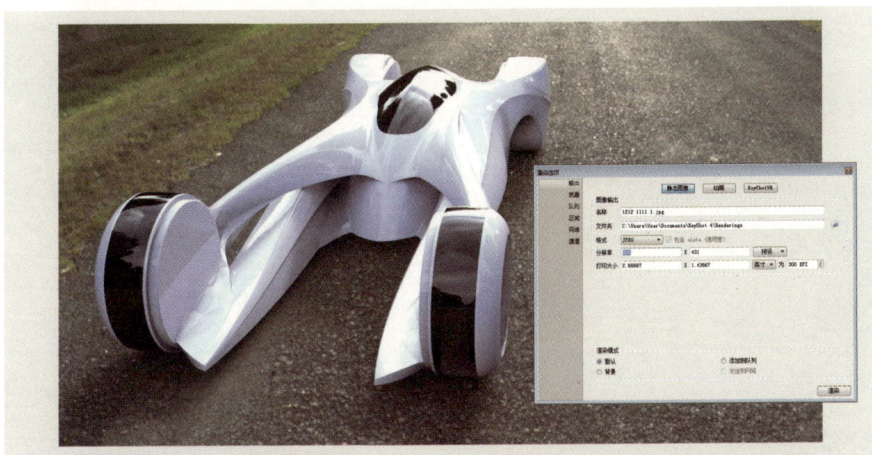

步骤五

设置完成后就可以进行渲染。点击软件下方茶壶状的渲染键，可以进行相关的设置，调整好设置便可以渲染了，剩下的工作便由你的电脑来完成，喝杯咖啡拭目以待吧。

步骤六

　　最终渲染效果图及色彩研究，通过渲染器我们可以快速地将我们的设计呈现出来，并且可以完成多种颜色材质的体现，填补在一般情况下我们无法看到产品或者建筑设计多种多样丰富效果的不足。相信这一部分可以充分满足大家对于材质与颜色的探讨研究的热忱。

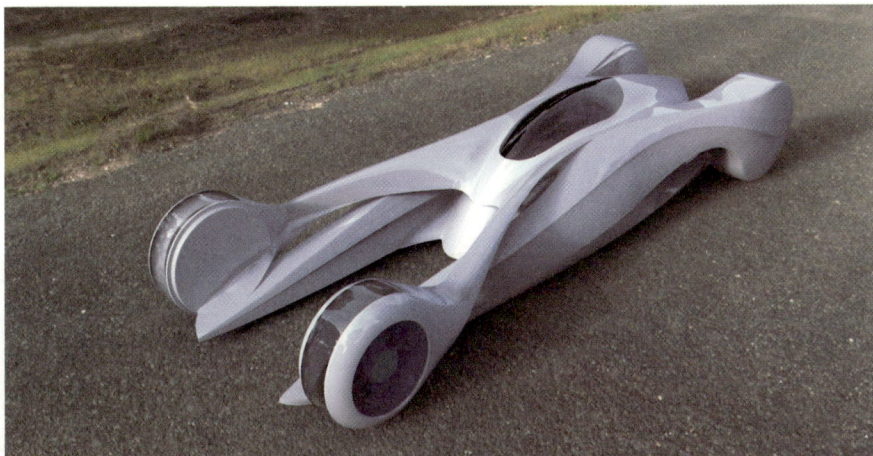

步骤七

　　最终渲染效果图及调整，一般情况下，我们会在渲染完成后再用 Photoshop
进行最终的效果调整和渲染，还可以继续添加在 Alias 中没能完成的一些细节，
平面图案设计添加等，进一步增强画面效果。

外饰设计
Exterior Design

/ Chapter 05

汽车已经走进千家万户的生活，成为最重要的一种交通工具，同时也是世界第一大商品。虽然现今越来越多的高科技纷纷应用于汽车中，但是最直观的感受依然是源于汽车的外部造型——外饰设计，它甚至和市场有着密切的联系，客户的喜好最直接的体现是对外饰的第一感受，质量再好、售后再好，如果外形难看，都会严重影响到销售，足以表现外饰设计的重要作用。

正如汪教授一直提到的：看，她（汽车）是有生命的，她有她的线条，有自己的姿态。

外饰设计是一门汽车设计必备的专业课程，通过完整的设计和制作流程、汽车设计标准知识、行业制度，深入了解设计方法和理念。

一般外饰包括前后风挡、前后保险杠、侧裙护板、进气格栅、内外后视镜、雨刮、天窗、车装饰件（电镀）、全车标牌、顶饰条行李架、前后车门侧围装饰块。各种装饰条、前后轮挡泥板、扰流板、行李架、门把手等都属于外饰的负责范畴。

外饰设计课程是以基本的汽车设计造型为主，贯穿汽车设计的知识要点，从二维到三维设计转换，整车设计流程的课题。汽车设计模型多以 1:2、1:4、1:5 为比例制作。这里给大家讲述的模型比例尺寸是 1:4。全尺寸模型多用于行业生产过程之中，作为学生，1:4 相对合适，形态的控制掌握，细节的表现等都可以做到位。

5.1 调研与选择

在开始设计之前，进行各方面的调研是尤其重要的，不仅是了解现在与未来的发展趋势，更是设计方案创意来源的重要依据。

运用科学的方法，有目的、有计划地收集、整理和分析有关供求和资源的各种情报、信息和资料，把握供求现状和发展趋势，为设计提供足够的方向资料。品牌调研是个人或组织根据特定的决策问题而系统地设计、搜集、记录、整理、分析及研究市场各类信息资料、报告调研结果的工作过程。品牌市场调研是市场预测和经营决策过程中必不可少的组成部分。

品牌市场调研的方法主要有文案调研、实地调研、特殊调研三种。每种调研方法目的都是通过对品牌的综合分析，提取出有用信息。对于汽车设计来讲，一是品牌文化、品牌 DNA；二是发展趋势、科技应用等。

我们要对所要设计的品牌车型（虚拟品牌或者模拟现实品牌）进行调研分析，不同车型都有一个品牌发展的 DNA 贯穿，有的体现在大的形面特征线上，有的体现在细节上，如车灯、格珊等方面。将所选品牌的相关车型收集并作对比整理，以便明确设计的方向，保持准确地设计感知。

车型介绍品牌的车型发展，往往跟整个品牌发展的战略历史发展阶段有关，比如面向人群的不同、销售市场的不同，地域、文化等都会影响到品牌的发展规划和战略。我们需要了解我们所选品牌车型的故事，设计不单单是做一个造型、一个设计的突破，更是对品牌文化的延续和传承，我们在设计的时候更应该注重的是血统的传承。

车型设定在调研过品牌历史文化和车型后，就要选择自己的设计车型方向，同时确定自己希望面向的消费群体（中年人？ 80 后？ 90 后？ 白领？ ），了解他们的喜好，他们喜欢的车型、颜色、内饰、功能等，市场会随着消费群的不同而有所差异。

材料、技术与环境调研过程中，新兴技术与高端材料也是重要方面，学生在调研过程中要试想在自身设计中应用，或者未来设计中可以应用到的相关内容。充实设计，完善"你的故事"，重要的是使自己的故事看起来是已成为真实的，也就是有一定的可实现性。材料的未来变化，目前多种生物材料正在被广泛地研究与应用，相信诸如此类的新材料在不久的将来会得到大量的应用，并不断地会有新的技术材料出现。

城市会因为人口的变化，人类行为的影响而变化，是优化还是恶化，取决你的判断与推测。并以此为设定，有依据地推断和猜测发展趋势来完善你的设计。

人与动物在未来又会有怎样的变化，据说人类的身高在未来几百年会有增高的趋势，如果成立，那么未来交通工具的设计又会有怎样的变化？这些都是关系到我们设计的因素，我们只有了解这些，才能更好地丰富我们整个设计的"故事"。设计不是孤单的一个东西在那里，它与周围的环境有着密切的关系，存在于特定的情况下，并解决相应的问题。否则设计将毫无意义。

课题中汪教授将环境设计的概念引进来，强调学生在设计车的同时，必须了解环境及环境相应的问题，畅想未来的环境变化，变暖、变冷、被水淹没，或者水源枯竭等，让学生充分发挥想象。在整个过程中对环境、空间和使用方式的想象推测，使师生的故事更加生动逼真起来。

下图是学生们关于未来环境的想象。

5.2 草图与效果图绘制

设计初级阶段，先以简单的形态为主，从速度形态开始黑白草图绘制，以纯粹的形态开始去发展设计，与此同时，我们要了解我们调研中所选取的车型的体量和比例，绘图时须保持设计的体量感，尽可能放松地去表现形态。草图绘制也是一个由简入繁的过程，刚开始的时候不必急于限制到某一款车，可以先从品牌血统开始，把握住几个关键点（也可是你希望强化的品牌的特性等），然后再依次展开设计，每往下走一步，就更加地细化，更加确定最终的设计方案。

当然这个过程是靠数量铺出来的，在大量的草图过程之后，便会对所选品牌有更深的形体和表现上的感知。大家之间互相评审，然后选取大多数同学挑选的方案做下去，从某种意义上，也是在做消费者调研。我们在设计的同时，需要多听他人的意见，或者是其他专业的同学，或者是路人。跳出来之后可能会得到新的想法。

设计深化

　　在选定设计感觉之后，深入发展形态，确定大的形态方向，逐渐添加必要的细节设计。轮子、大灯、甚至内饰的轮廓，尽可能多以随想的形式，将想法表现出来，在新一轮的评审中，大家会对你的作品再次作出评价与选择。同时，你会看到不同的人对你的项目的不同见地。最终会选出几个不同的方案。

黑白稿定稿

　　从众多的设计方案中，选出某个方向，为下一步的细化发展作准备。最前期的方案可以不用考虑过多的品牌限制，尽量发散设计，在有一定的方向之后，一定要开始考虑品牌的 DNA 等特点，要能看到品牌的感觉。不能做大众的设计却看起来像宝马。这在汽车设计学习和行业工作中是完全不可行的。这就考验到了设计的把控能力和延展能力。

129

马克笔与色粉表现

整体效果图

　　马克笔效果图的绘制进一步给我们机会去刻画表现方案面与面的关系，也能进一步地探讨设计的配色、细节、比例效果等。

局部细节效果图

　　最终方案确定后，要开始细节的设计，包括格珊、前灯、尾灯、后视镜、轮毂、雾灯等设计。每个细节的设计都要符合自己的设计方向和品牌的 DNA 发展方向。细节的设计还要求材质的确认，如哑光或者亮光，深色或浅色等。

5.3 Photoshop 效果图

最终方案效果图展示

　　在最终效果绘制上尽量不需要添加过于繁杂或者同类色的背景，在车身表现上，要突出材质的区分。所有效果图的绘制最终目的就是解释我们的设计方案，使设计的每个角度和细节得以清晰地表达是最为重要的。

Final CG Rendering - 3/4 Front View
最终 CG 效果图——3/4 前视

Final CG Rendering - Side View
最终 CG 效果图——侧视

Final CG Rendering - 3/4 Rear View
最终 CG 效果图——3/4 后视

5.4 造型布置图

打印底图／网格（包含四视图）布置图首先要有所选车型的数据图做底，以便参考对比，基本的网格尺寸一般定在 20mm，根据不同的比例可以具体进行调节，手绘网格的话一定要认真仔细尽量减小误差，最好打印出来。

油泥胶带图底图的基础上，参照自己的设计方案依次贴出各个视图。贴的过程中，注意要始终保持和手绘一样的比例效果，大致形态完成后，贴出细节，并用小刀刻画出需要有渐变效果的线条，确保每个线条都能流畅地还原出设计方案的感觉。

最终胶带效果图完成后，拍照或扫描在 Photoshop 或 Ai 软件中将其以电子文件形式完成调整工作。

DIMENSIONS

WB: 2430mm

OAL: 3990mm

OAW: 1745mm

OAH: 1250mm

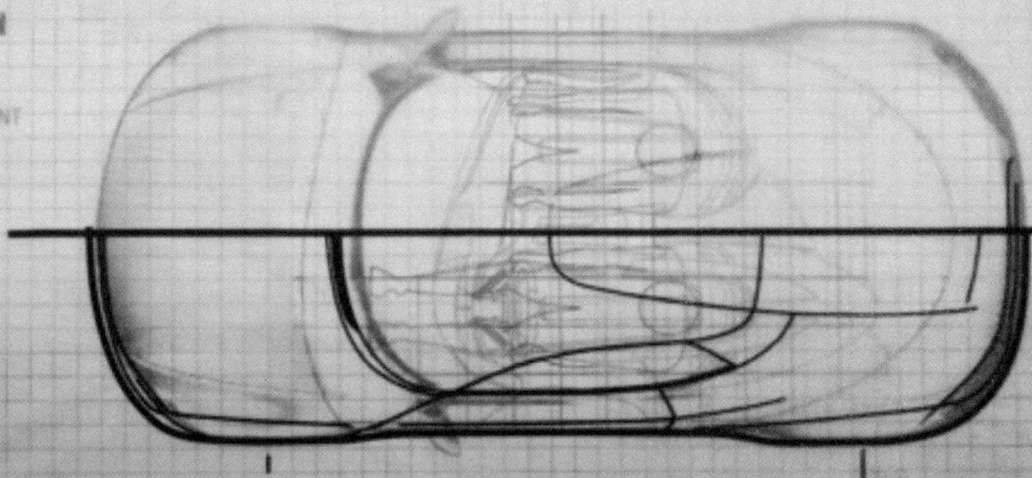

5 2-DOOR COUPE EXTERIOR DESIGN

VOILKSWAGEN

5 年双门跑车外饰造型设计

美术学院交通工具设计系

：汪镇宇

：段俊青

总尺寸

：2490mm 总宽：1745mm

：4000mm 总高：1250mm

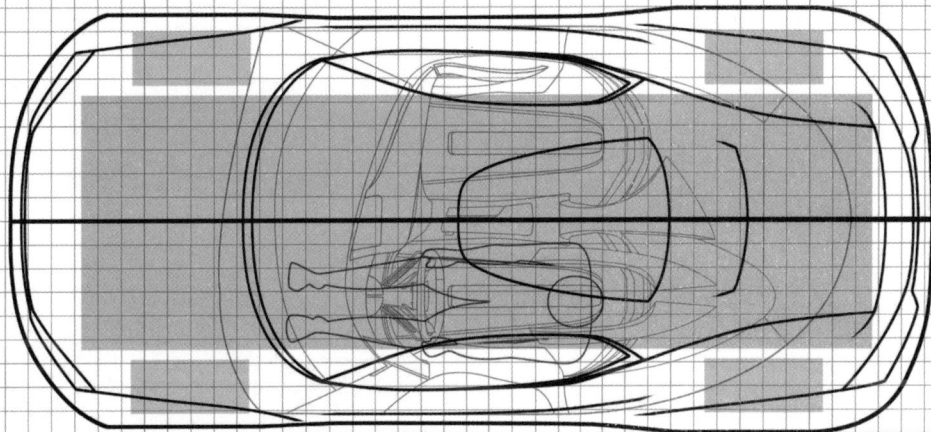

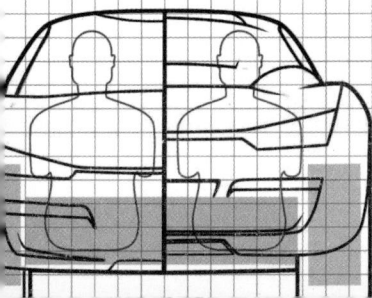

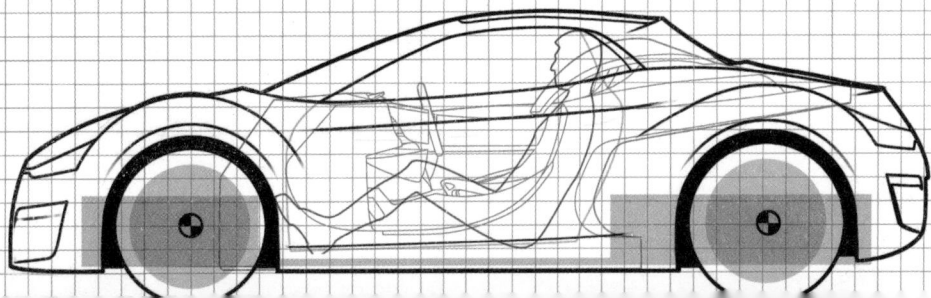

马达
池组

5.5 1:4 油泥模型制作

泡沫打磨

　　按照胶带图数据打磨泡沫，初期粗打磨，后期需要用砂纸精确打磨。泡沫的打磨尺度以小于实际尺寸10~15mm为好，余量过多会造成油泥的浪费，余量过少会造成细节调整或者二次骨架调整。

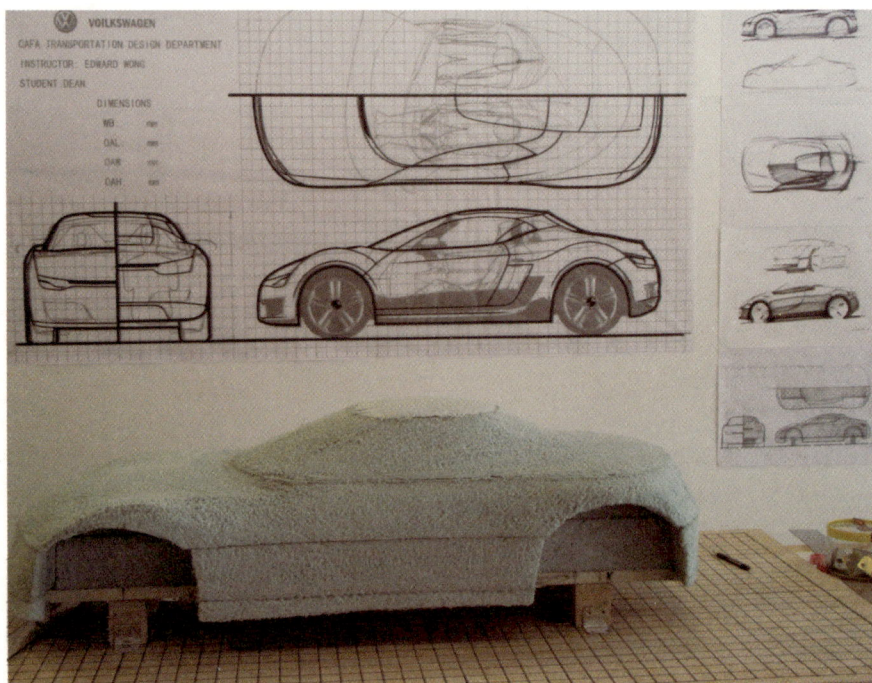

喷胶／敷油泥

　　在泡沫打磨完成后，需要在泡沫表面喷胶增加油泥的附着力。如果油泥附着不牢会容易起泡，严重的甚至在用力刮制模型的时候脱落变形，影响模型的准确性。

油泥调整与精刮

　　调整完成，这次做的是两面的油泥模型，也就要求所做设计的模型制作达到两面对称，这是对油泥模型的一个考验。另外一种常用的模型制作方式是把模型分为 A、B 面，每面呈现不同的设计。这样的目的是在一个大尺寸模型上尽可能多地探讨设计方案。尺寸放大后更容易看出设计比例或其他的不足之处，比例越大越难控制，但却更接近 1:1 真实比例的效果。

5.6 1:4 油泥模型扫描

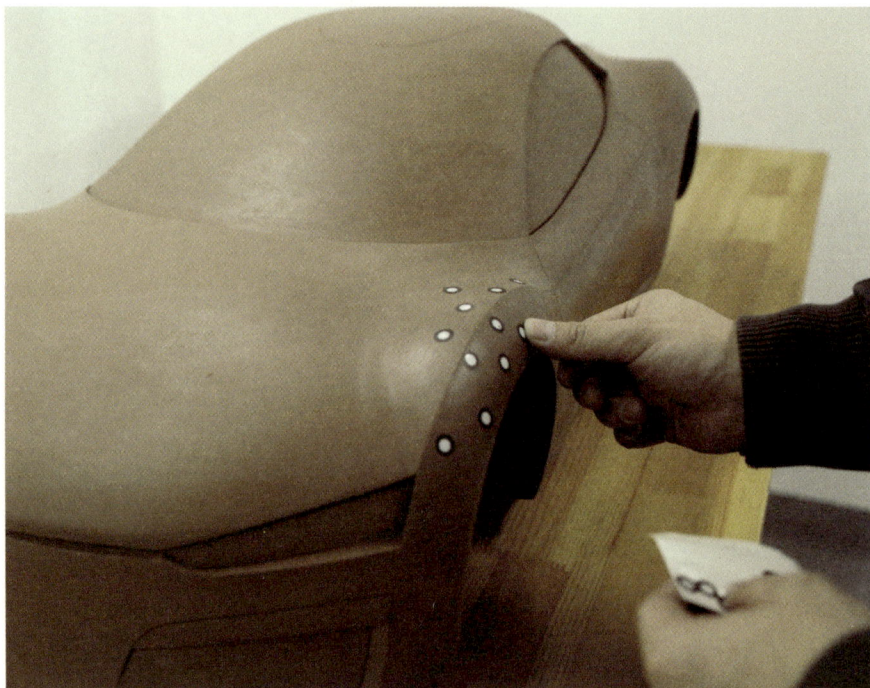

步骤一

　　油泥模型数据采集，油泥模型数据扫描。

步骤二

　　将感应贴片均匀地粘贴在油泥模型表面，细节结构处适当密一些。

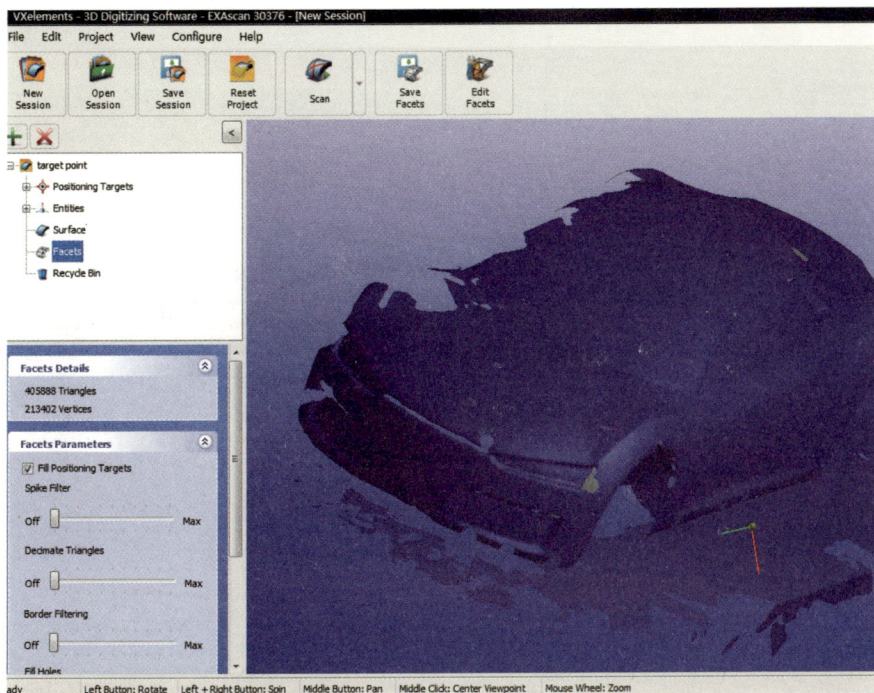

步骤三

　　数据采集模型。展示采集数据模型时，尽量将模型扫描详细，避免遗漏，减少后期 Alias 软件模型制作中的问题。

　　若油泥模型为对称的，采集数据模型时超过模型中线即可，不需将整个油泥模型扫描。但模型的几个重要的参照点必须有，如车身底面、地平面、前后轮轴线等。

软件界面展示

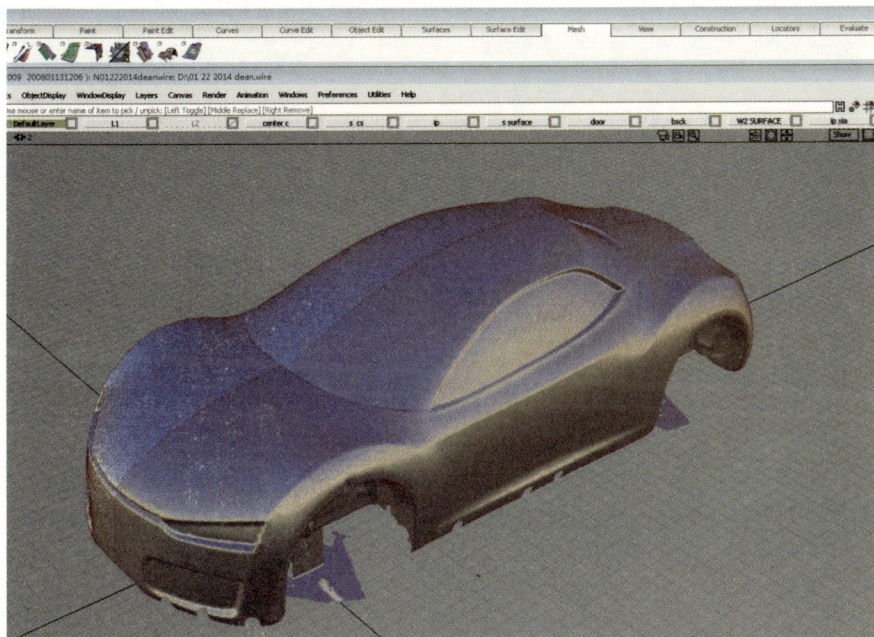

步骤四

　　存储数据与转换。准备导入 Alias 软件扫描数据模型导入软件后，将其多余的散碎部分删除，沿模型中线裁切，对称模型即可得到如图所示参照数据。

5.7 Alias 数据模型制作

建模过程

　　根据油泥模型扫描数据以及造型总
布置图，建立完成空间曲线并建立数据
模型。需要注意的是，在数据模型制作
时，先将模型的大面积的曲面建立，进
而一步一步完成小的曲面转折以及细节
处理。

141

Automotive Design 汽车设计

车轮设计

轮子作为汽车设计确立尺度的重要参考，在汽车的视觉呈现中也占着很大的比重，这就意味着我们在设计的过程中要把一定的精力集中在轮子的设计上。看似简单的一个部件，但是怎样通过这样的一个细节表现整体设计的运动、豪华、经济或是越野，都是一个设计探讨的旅程，当然也需要大量的方案来确定最终方案。

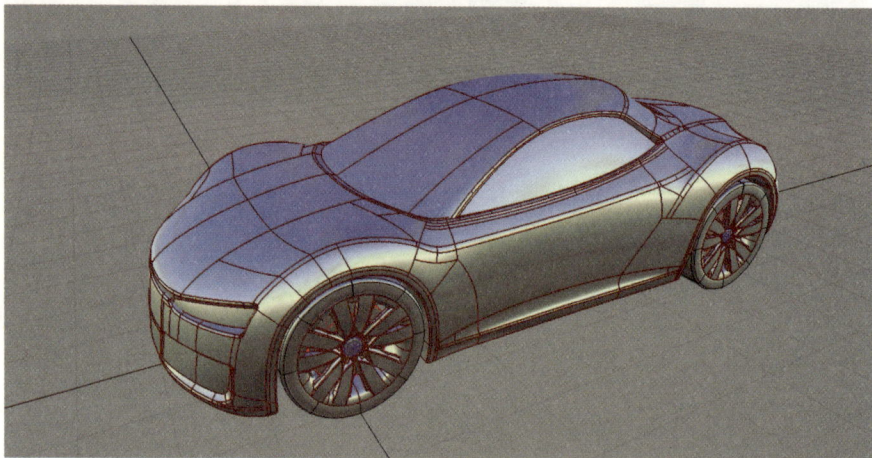

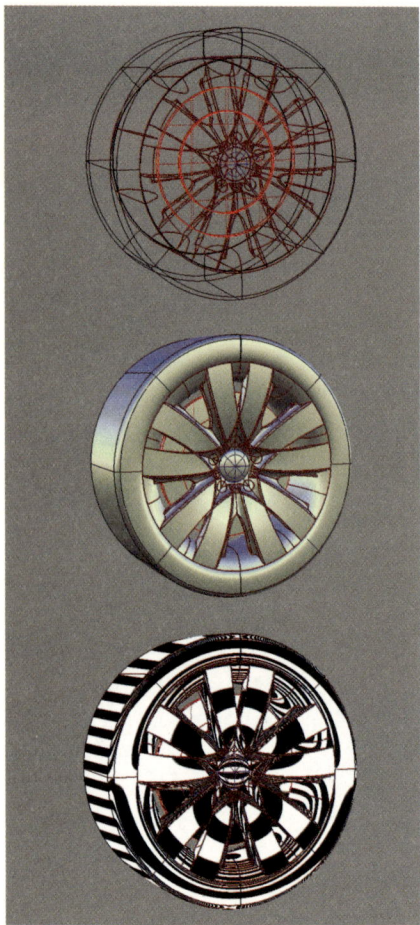

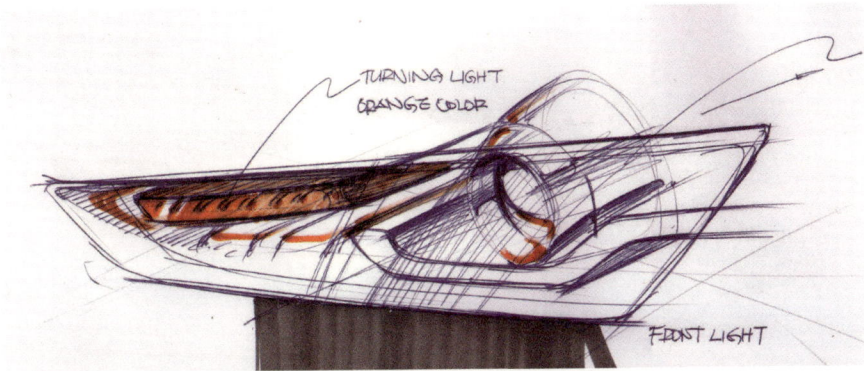

前车灯细节

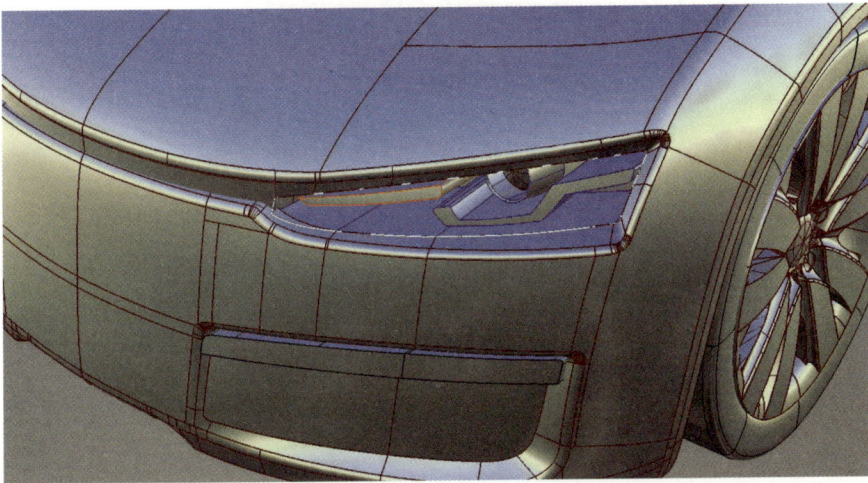

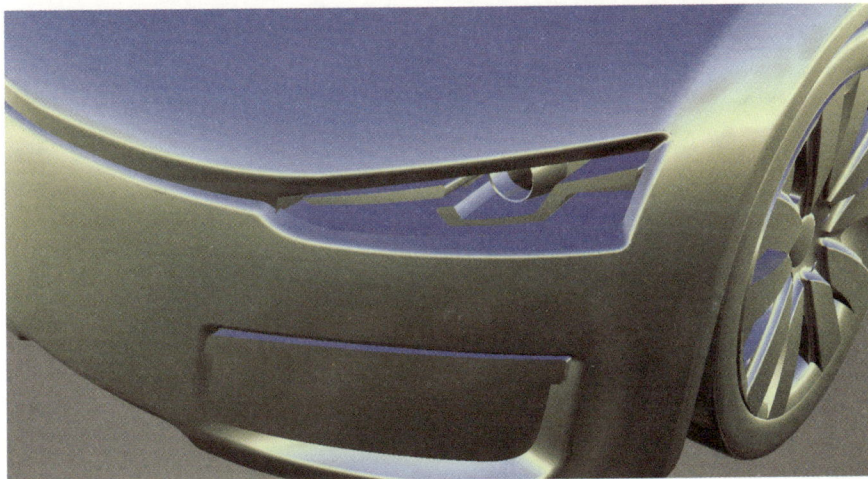

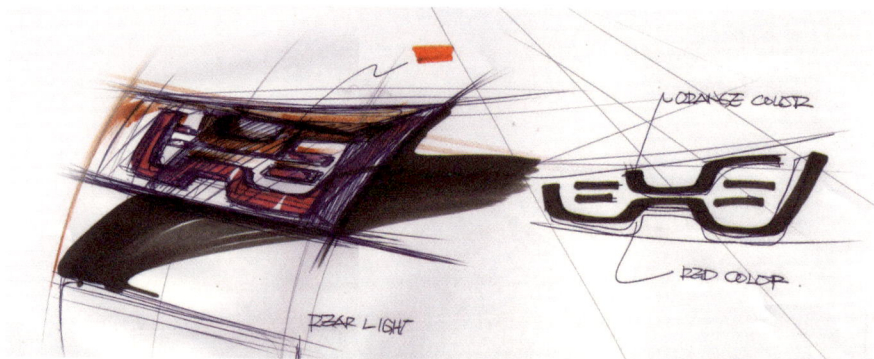

尾灯细节

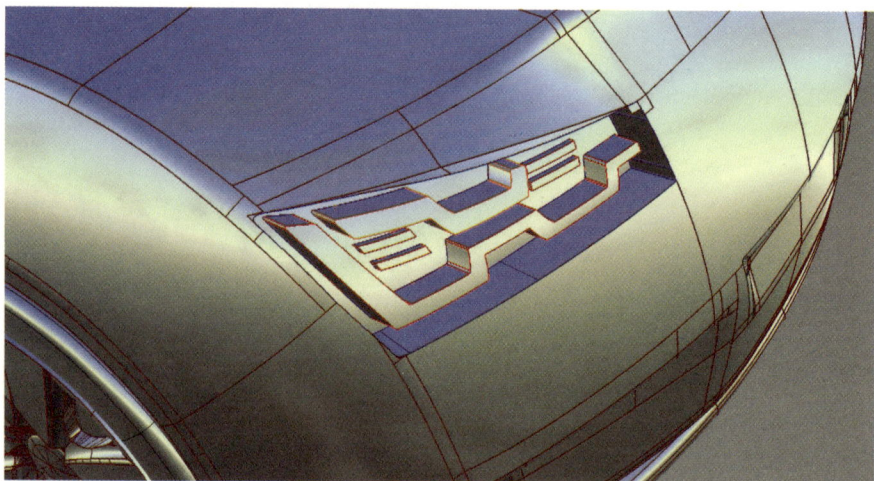

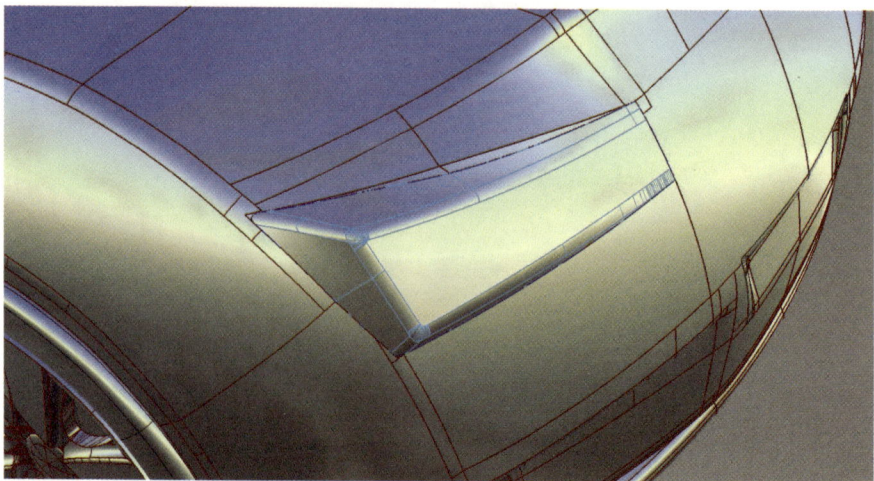

5.8 数据模型渲染效果

　　模型分组，先在数据模型中将相同材质的面分别打组，以便添加材质和调整。尽量选择符合设计目的的场景环境进行渲染，导入模型后，调节环境及材质数据，渲染即可。

　　可以选中多个项目后按队列进行渲染，注意调整渲染质量等参数，以确保渲染效果和质量。

Automotive Design 汽车设计

外饰配色研究及渲染模型细节展示

　　不同汽车喷漆传递不同的感情，同时满足不同消费者的需求。

最终电脑渲染与 Photoshop 绘制效果

Automotive Design 汽车设计

汇报最终效果。汇报展示是检验最终设计成果的方式，选用最佳的图片、完整的模型、清晰的思路来展示汽车的设计方案。

汇报展示效果
　　2007 级学生段竣青作品

模型照片展示
　　2007 级学生巩海宁作品

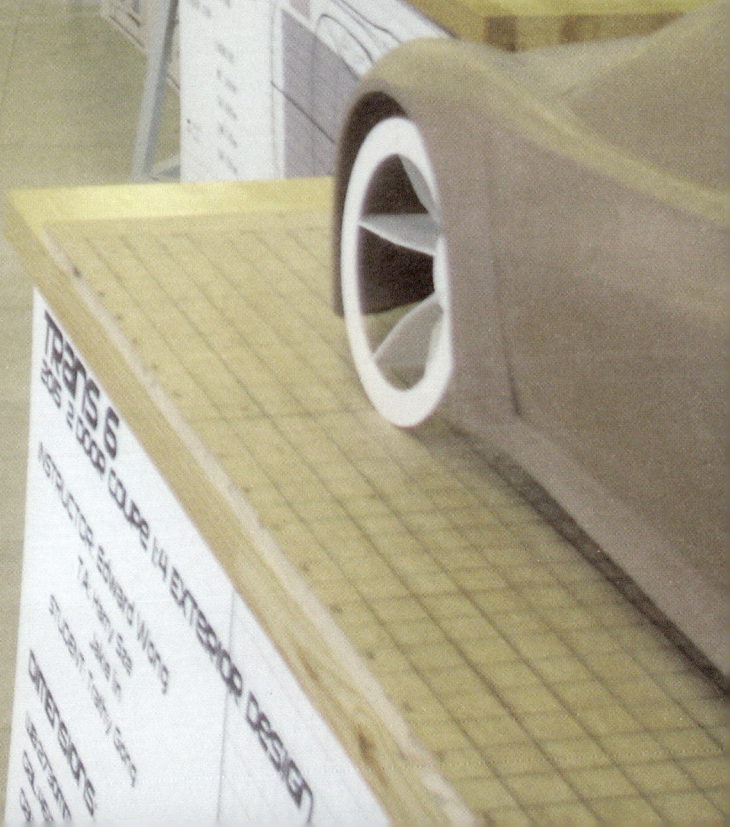

内饰设计
Interior Design

/ Chapter 06

汽车内饰(Automotive Interior)主要是指汽车内部改装所用到的汽车产品，涉及汽车内部的方方面面，比如汽车方向盘套、汽车坐垫、汽车脚垫、汽车香水、汽车挂件、内部摆件、收纳箱等都是汽车内饰产品。 我们国内所说的汽车内饰，其实就是英文的 Interiors System。由于这一部分汽车零部件具有一定的装饰性，所以业内目前通常的翻译都叫作"汽车内饰"。但是从英文"Interiors"，我们就可以知道，这部分零部件不光只有装饰作用，他们所涉及的功能性、安全性，以及工程属性是非常丰富的。

汽车内饰主要包括以下子系统：仪表板系统、副仪表板系统、门内护板系统、顶棚系统、座椅系统、立柱护板系统、其余驾驶室内装件系统、驾驶室空气循环系统、行李箱内装件系统、发动机舱内装件系统、地毯、安全带、安全气囊、方向盘，以及车内照明、车内声学系统等。

在系统的研究学习中，1:4 内饰设计课题，是紧接在外饰设计课程之后的设计项目，这两个课题简单地概括了汽车设计。当然细分更多的项目也包括配色与剪裁等。

内饰设计的重点在于人机工程、乘坐布置、色彩分析和操控系统设计等，我们可以将其看作是人们（驾驶者与乘坐者）在内饰包围下的驾驶与乘坐体验。课题中，在定位品牌之后，进一步专注品牌发展趋势，探讨、设计下一代内饰。

6.1 调研与选择

内饰课题中，大家需要对所选品牌的内饰特征进行调研，了解品牌自身特色、发展趋势，做到深入了解品牌文化的内涵，是我们设计师的基本素质，同时也是决定我们设计方向的重要前提，定向思考而漫无目的地发散。

往往我们会看很多设计范例，设计本身挺不错，但是如果加上品牌的前提，便让观者心中产生一个巨大的问号：这是他品牌的内饰么？看着不是呀！

未来概念的创新，应在了解品牌历史与文化的同时，不墨守成规，大胆想象与设计。在内饰课题中，更多的是与人有关的设计、与人有关的功能，在驾驶的过程中，人们的绝大部分时间是处于驾驶舱内部的，是被内饰所包围的一个状态，内饰的设计会对驾驶者与乘客有着直接的影响，当然也会对设计的销售有着直接的关系。相信一个好的内饰设计自然会让人赏心悦目，还能提高驾驶者的乘坐感受。

我们在设计之前，首先要把握的就是设计的面向群体、适用人群、受众群体，这是我们设计的前提条件之一，当然在我们的课程之中是由我们自己选择方向，相对来讲容易一些。如果你就职于某品牌企业，那么你的设计将必须为品牌服务，在这里大家可以自由地选择自己喜欢的品牌，作设计，然后选择面向的人群，可以是中年家庭用车，可以是00后的年轻人，可以是白领，也可以是定位于老板，甚至是领导人，不同的受众群，设计的方向、色彩与感觉也大相径庭。

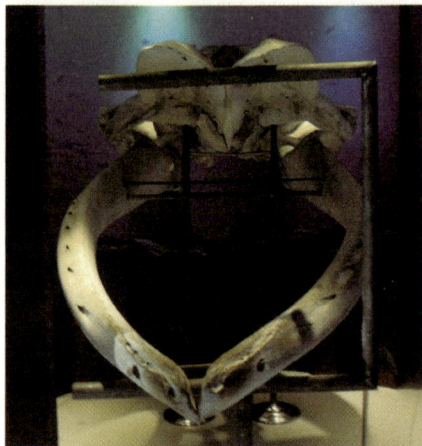

6.2 草图与效果图绘制

黑白稿定稿（几个方向）

在一系列的调研工作之后，我们将进入草图的绘制阶段，我们将从黑白阶段开始，快速地表达自己的设计灵感，并非最终状态的车，可能是一个自然形态的感触，这样我们就会放松地描画出多种多样的形态，将之与功能相结合，考虑操作区域的简单划分，这样一个内饰的空间布局就初步展现在我们面前。我们可以快速地尽可能多地表现出我们的创意，相信大家经历了前一本书的手绘阶段，这一阶段将很顺利地完成。

尽可能多地绘出不同的方案，发散思维，不断在形体比例和感觉上做新的设计。

在众多方案之中，我们就会看到与自己所选品牌相吻合的设计，在课程中大家互相提建议，挑选大家认为吻合于你的品牌的设计。挑选出之后将方案具体细致化，操控区域细节化，并保持整体的设计感。再完成新一轮的绘制，直至找到你自己满意的多套设计方案为止，并为下一步作准备。

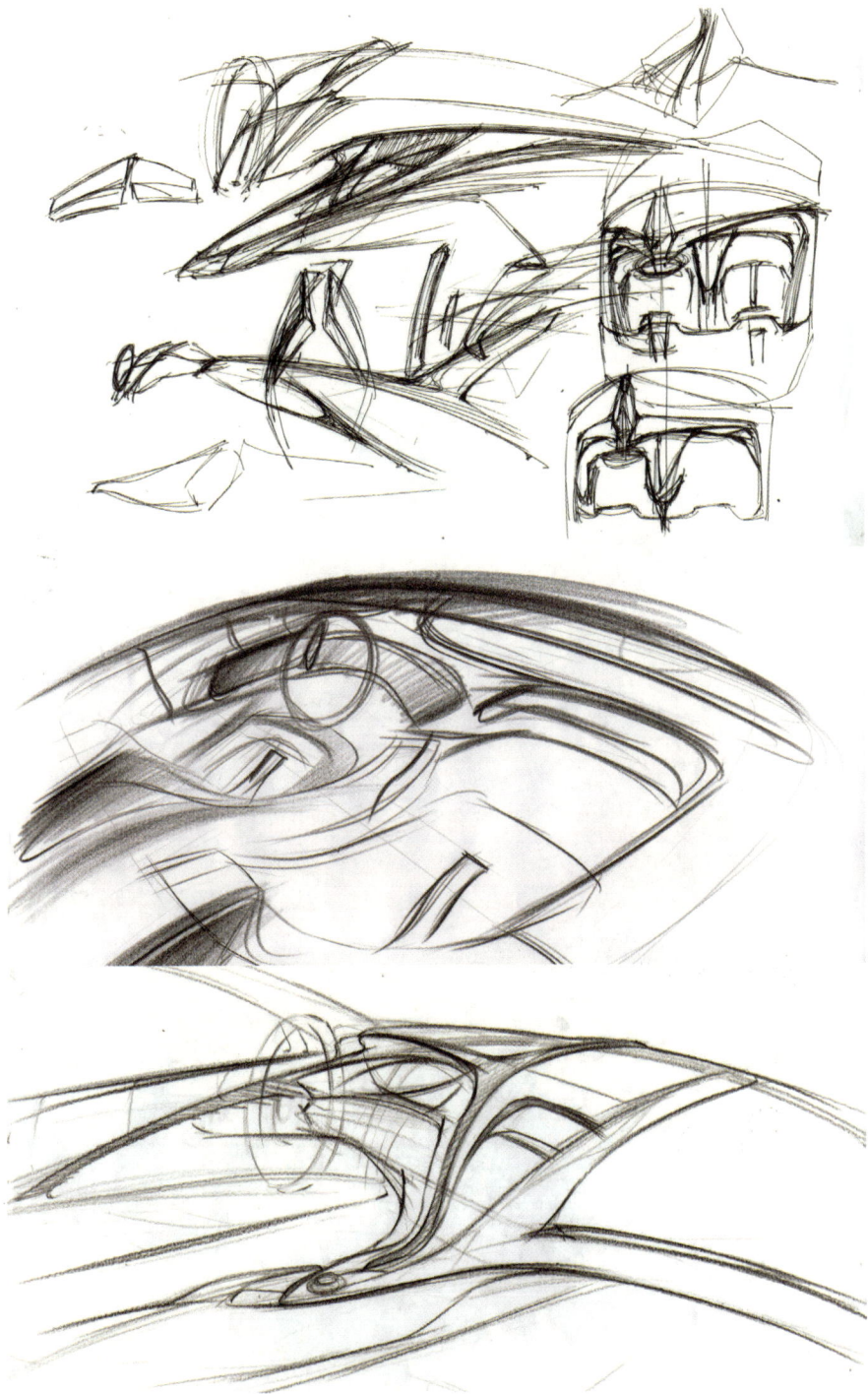

内饰草图绘制虽然是主要讲究大的比例和感觉的阶段，但是最基本的透视比例关系，黑白关系同样是非常重要的。

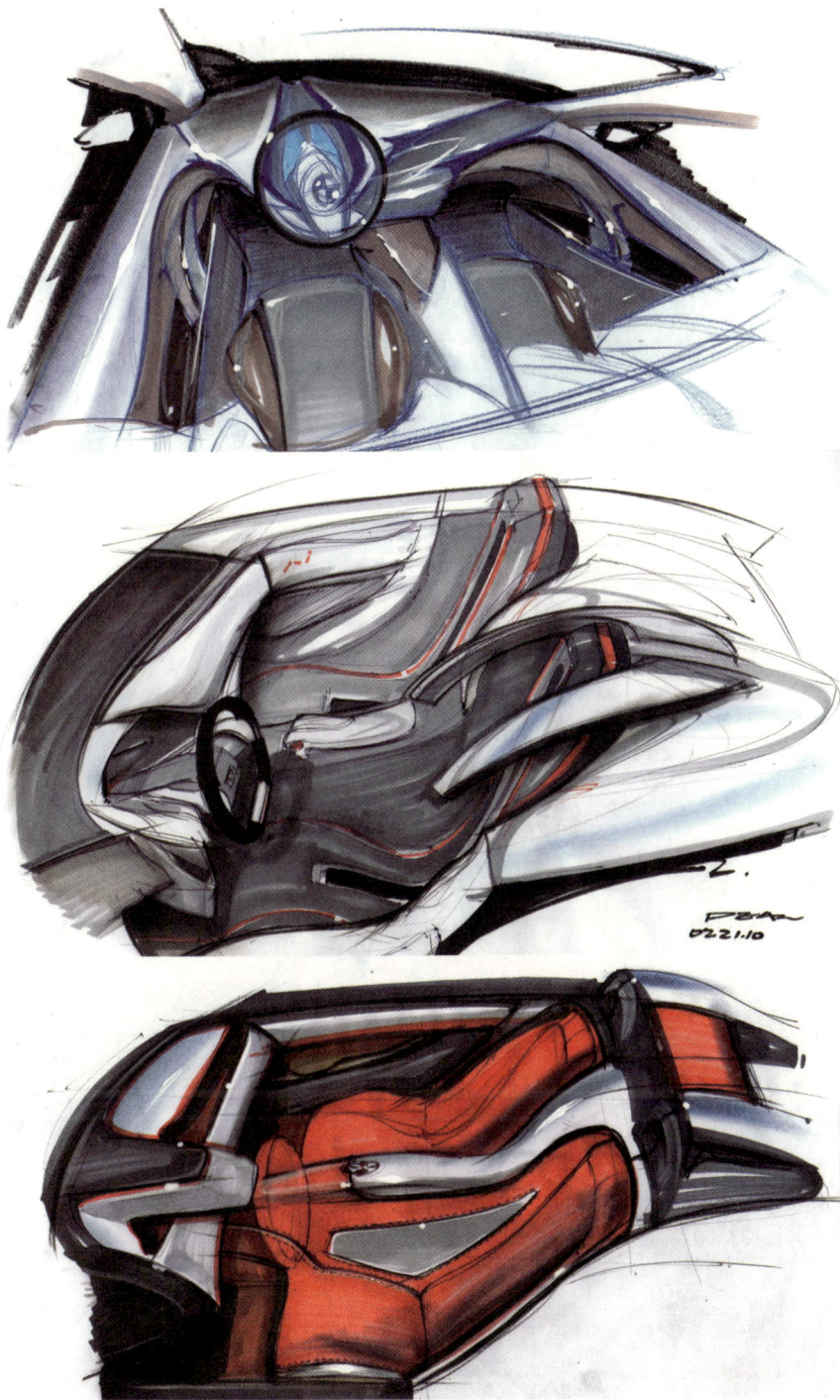

马克笔与色粉表现

整体效果图

色彩搭配及运用，小色稿，专门研究色
彩，搭配多套设计方案与色彩方案运用
（多套设计）。
最终定稿并深入表现（1个方案），
局部细节效果图，
最终方案效果图。

彩绘效果图也是快速表现方案真实
感受的手段。是借助于彩色工具（油漆
笔、马克笔、色粉、水彩等）在设计初
期，把你的设计展示给其他人的最快最
好的方式。在这个阶段中，可以尝试不
同的颜色搭配，不同的材质表现，不同
的分割方式，大家可以通过前书中的材
质表现技法来表达你的设计。

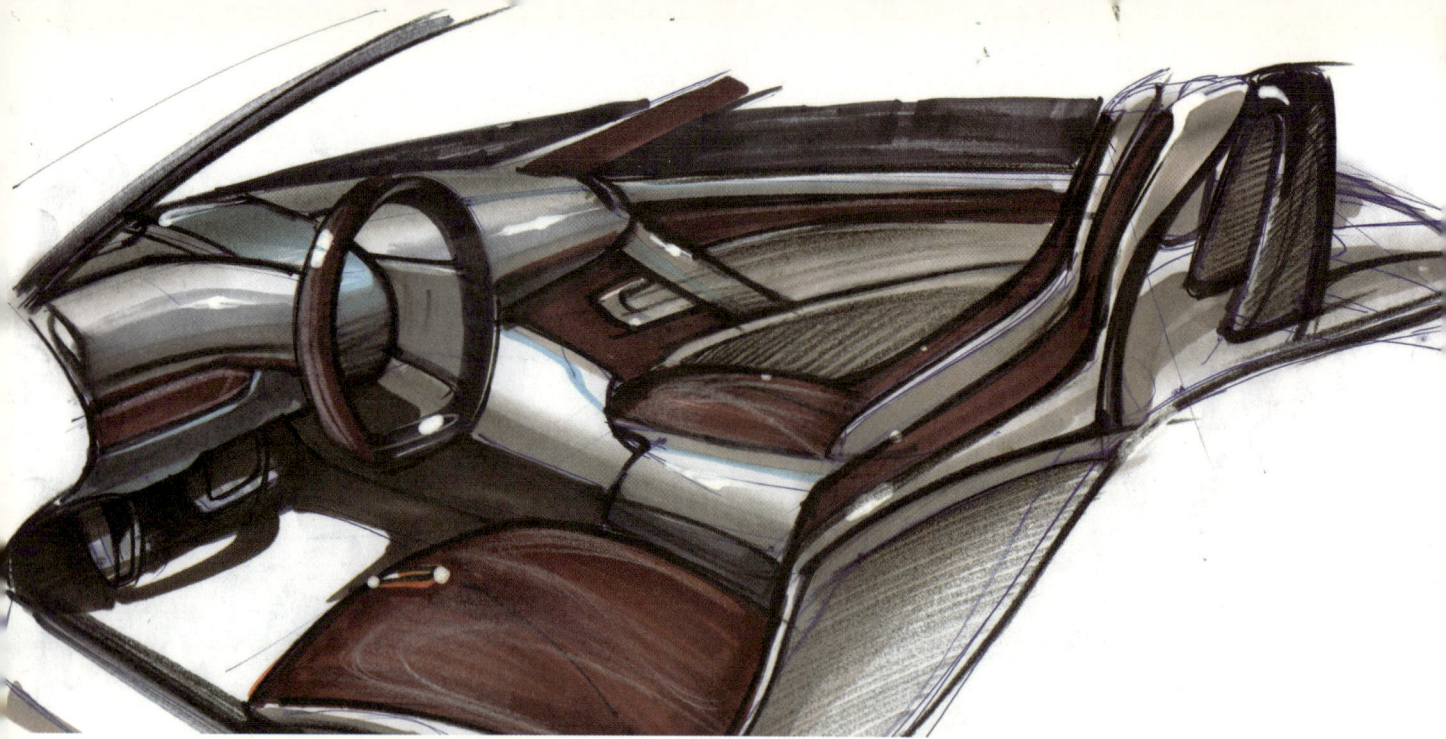
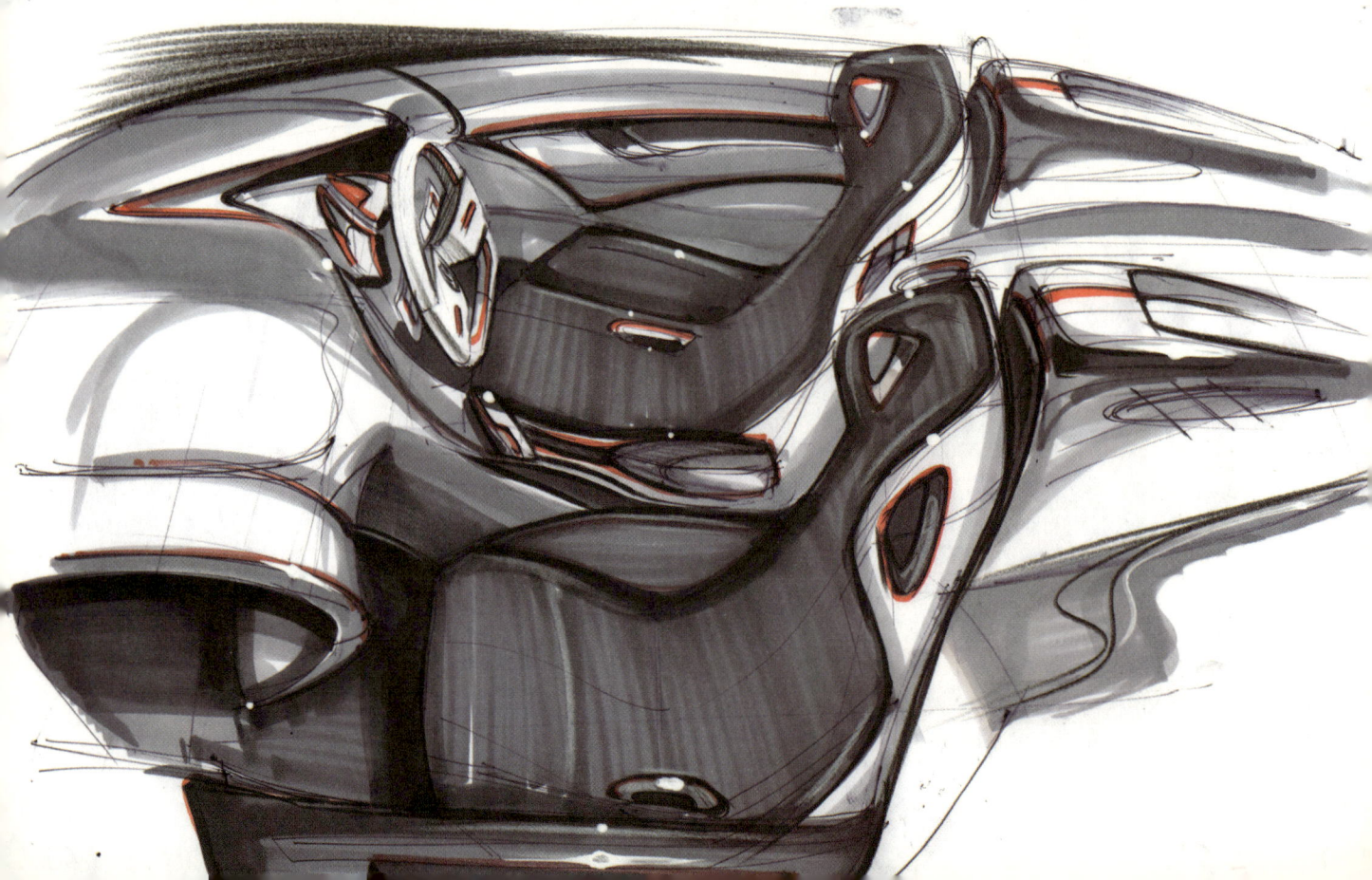

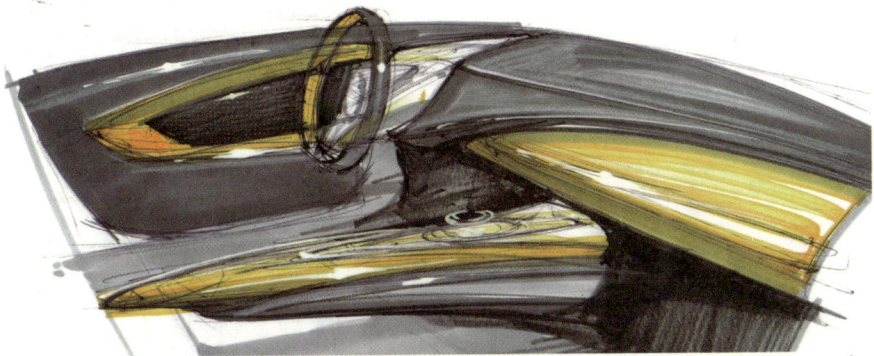

最终手绘效果图

在确定方案草图之后，选取常用的透视角度，进行深入的表现，在绘图过程中仍然可以对设计进行细节上的调整，配色的表现也要尽可能与你理想的配色一致，准确地表达出来。通过不同角度的视图，要清楚设计的每一个细节，可以在脑海中想象三维立体的形态，形态与形态、结构之间的相互关系，如果你可以做到以上这些，那么相信你后期的模型制作中也会有很好的表现。

在此阶段中，大家应绘制多角度的效果图，通常情况下表现整体的角度为驾驶座前四十五度稍微带俯视角度（如图），驾驶座后方四十五度稍微带俯视角度（如图），整体与局部绘图。局部绘图比较随意，但必要的部件都需要单独表现，如座椅（如图）、中控台、仪表盘、仪表操控台、方向盘、内门板、档柄，小到空调口、操作按钮、玻璃升降按钮等。在不断地设计调整之后，需尽量详细具体地将设计刻画出来。这样一来，下一阶段的进行将会更加清晰。

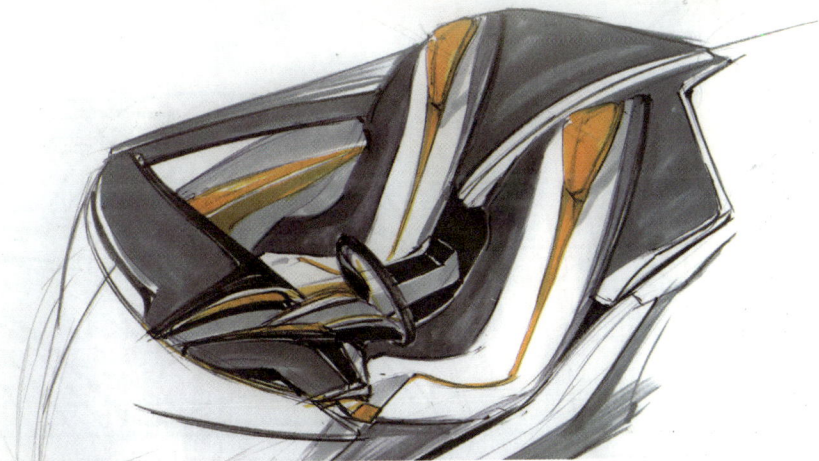

CAFA TRANSPORTATION DESIGN DEPARTMANT

INSTRUCTOR: EDWARD WONG

STUDENT: SHAWN ZHANG

6.3 造型布置图

　　打印底图／网格（包含四视图，最好带有外饰底图，底图的透明度调到50%或者更低，既能作参考又不会影响到内饰的粘贴绘制）小比例，A3纸打印调整完成／电脑画线完成。

　　最终整理完成内饰布置图的绘制重要的是，掌握乘坐人员的位置布置、姿势，这也就决定了内部空间的基本尺度，这样会帮助限定胶带图的粘贴过程的准确性。

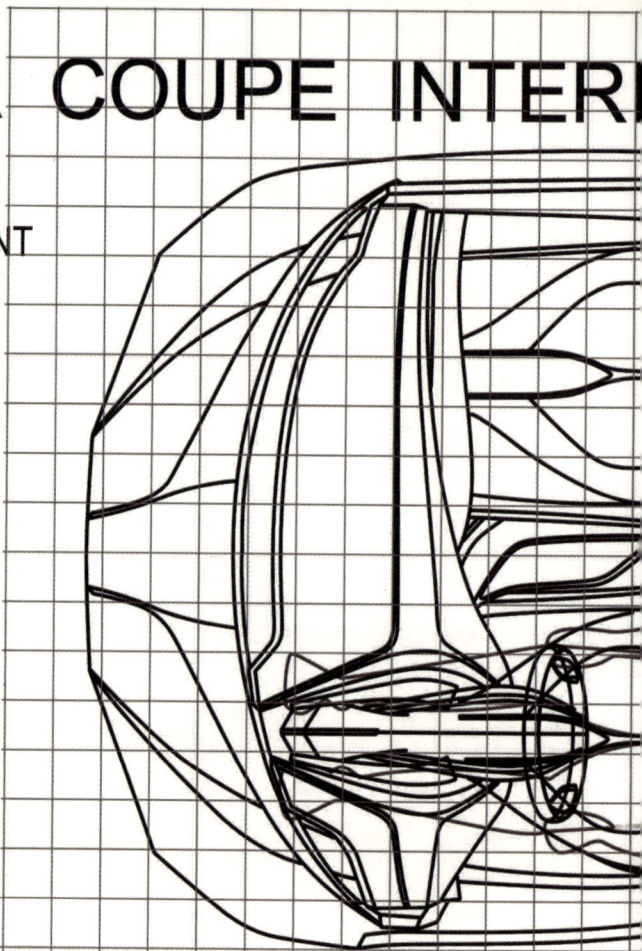

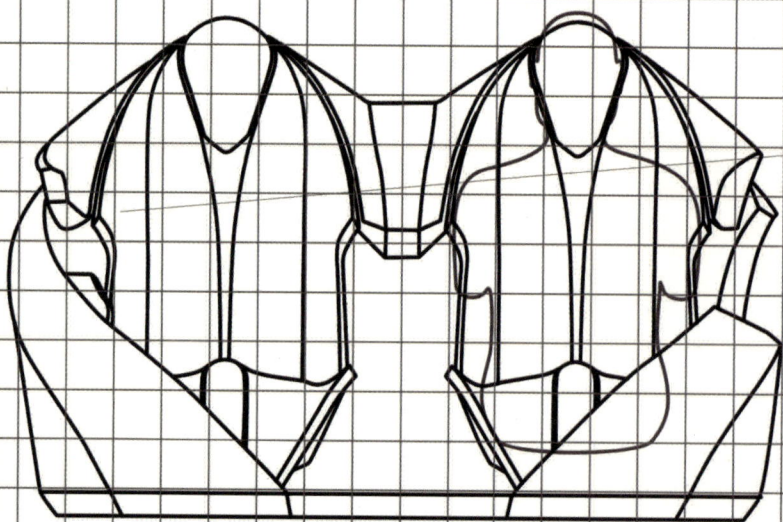

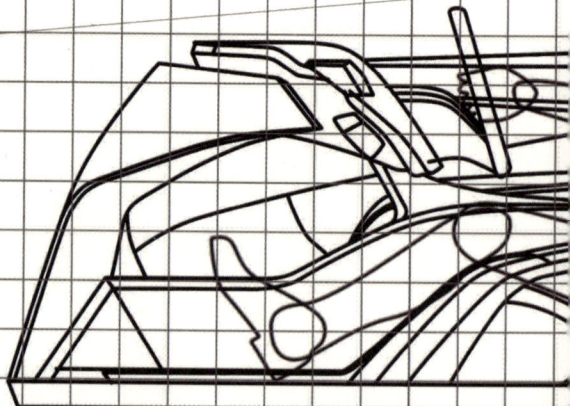

DESIGN

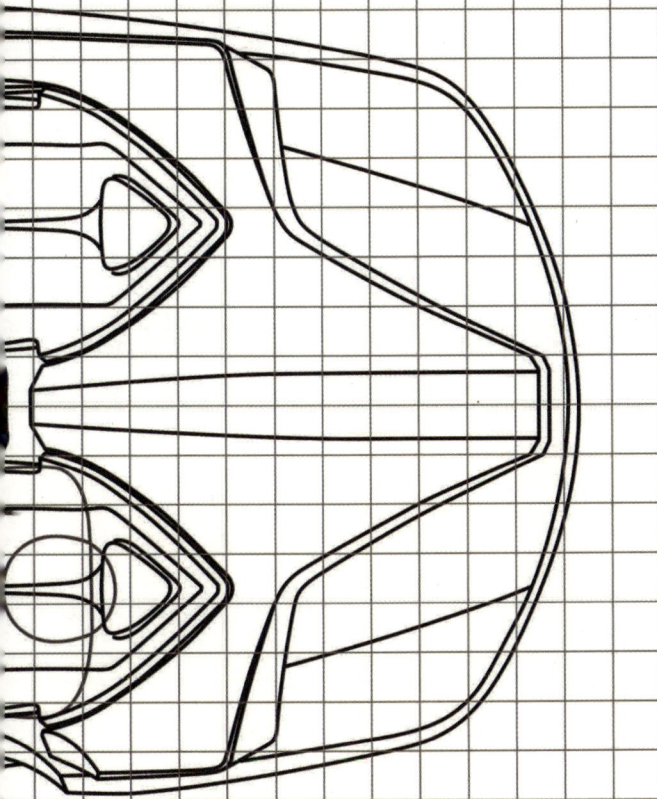

2015 年双门跑车内饰造型设计
中央美术学院交通工具设计系
教授：汪镇宇
学生：张邵磊

造型总尺寸
轴距：　　　　2497mm
内饰总长：　　2676mm
内饰总宽：　　1620mm
内饰总高：　　1100mm

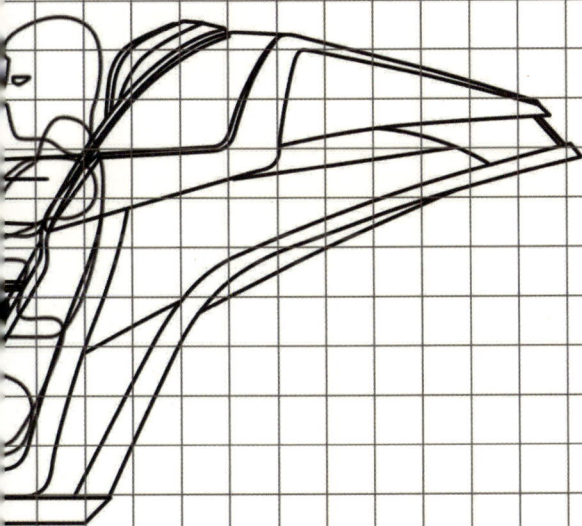

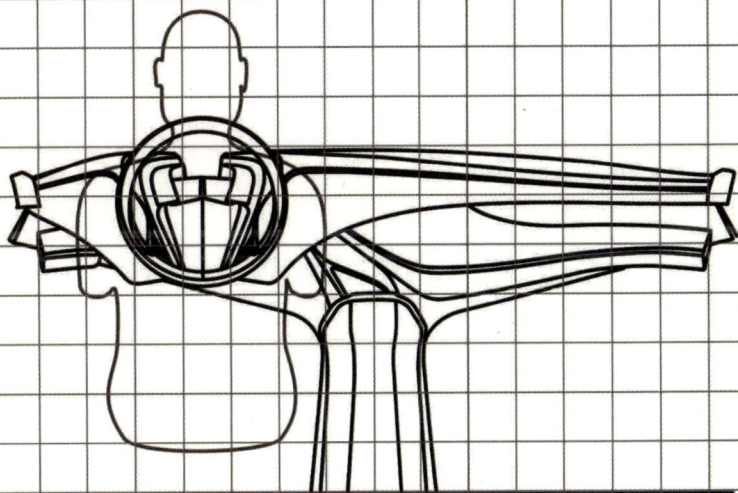

6.4 Alias 数据模型制作

先建线后建面（参照前书中 Alias 模型制作过程）。内饰模型相对于外饰模型较琐碎，细节偏多，这就要求在建线的过程中一定计划好分组工作，可以在不同的图层中完成细小零件等局部模型。

细节处理，这里所讲的细节处理首先是指一些小零件、结构和缝线等的处理，完成所有的大面后，裁切交叉多余部分，再对模型进行倒角处理。

模型分组为渲染准备，一般会把相同材质的合并为一组，或者不同部位的相同材质合并为一组。这样能在模型渲染的步骤达到快速的选择和测试。

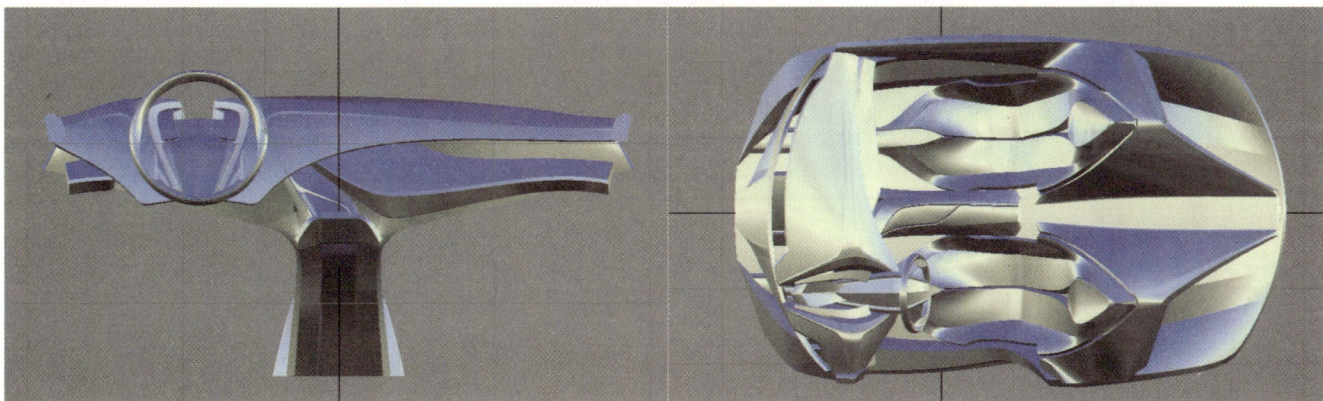

6.5 数据模型渲染效果

将完成的数据模型，导入 KeyShot 渲染器，选择相应的材质并将颜色调整至你想要的效果，调整好光源，便可以开始渲染了。

渲染过程最重要的不仅仅是材质颜色和质感的选择，影响渲染效果最多的还有前期建模的细致程度，建模越细致，分组越详细，渲染出来的效果就越真实，效果也会更丰富。渲染角度和我们手绘的角度大致相同，需要特殊表现的部分都可以单独渲染，以便表现最完整的设计。同时也要注意调节所选材质的细腻度，反光度等细节参数，更多设置大家也可以在不断地尝试过程中深入研究。

我们之前的黑白手绘草图，马克笔与色粉效果图往往并不能完全充分地表达我们的设计，在细节、真实呈现等方面并不能面面俱到，我们在效果图之后已经可以看到我们设计的方向以及设计风格,经历了设计方案的挑选与调整阶段之后，我们便可以进一步强化我们的设计表达——电脑效果图。通常情况下，我们常用的软件是 Photoshop 以下简称 PS，在 PS 的工具中，可以将我们的设计详细的表达出来，不管是形态还是配色、材质都更加明确，更加接近最终完整成熟展现。当然，在此过程中，设计的完善一直贯穿其中，并非一成不变，但都应该是原设计基础之上的调整，不建议极大的改动。

在使用工具时，要注意不要被工具带着走，工具有很多局限性，往往在表现原有设计时，会有所牵制。比如在划线或使用路径时，并不是轻易可以得到我们想要的线，也许你画的线需要十次调整才能表现到位，但是工具往往会一次给你一条相类似的线。如何取舍，这就需要大家以设计为核心，保持自己的设计。是通过工具完成设计方案。这也是我们同大家一起训练的目的之一。

"不要被画笔（工具）控制了你，是你在设计"

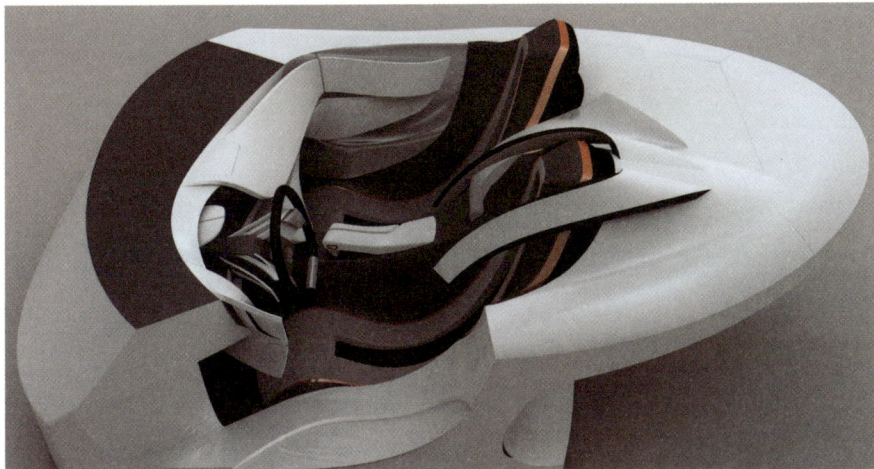

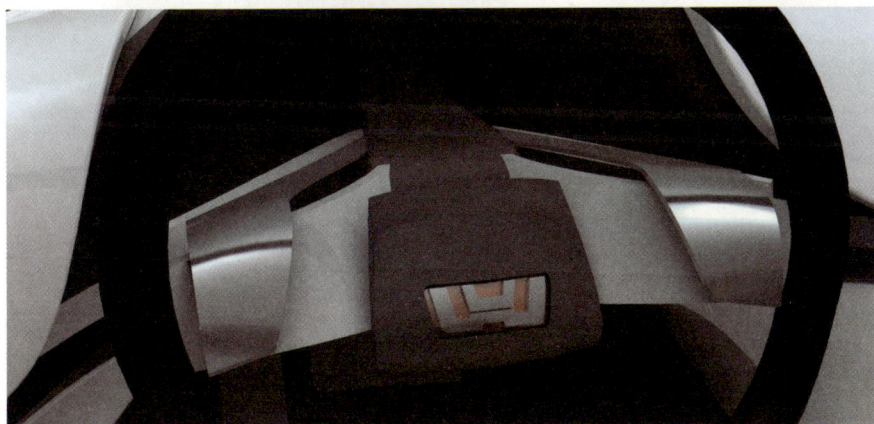

内饰设计作品欣赏

Photoshop 调整

渲染完成后，我们可以到一张未处理的效果图，之所以称之"未处理"，是因为渲染器直接输出的图并没有虚实的区分，模型的细节部分往往达不到高标准的要求，大部分的结构均会生硬不生动，这就需要我们在后期加以调整，现实生活中的交通工具架构比较圆润，受天光有冷暖之分，充满环境的映射，如果渲染效果没有达到这些或者表现不足，需要调整生硬太过尖锐的部分，以增强图片的实体感与真实感，与此同时，在模型中难以表现的部分可以通过Photoshop进一步强化，例如仪表内部灯光、导航显示、装饰条、缝合线等。

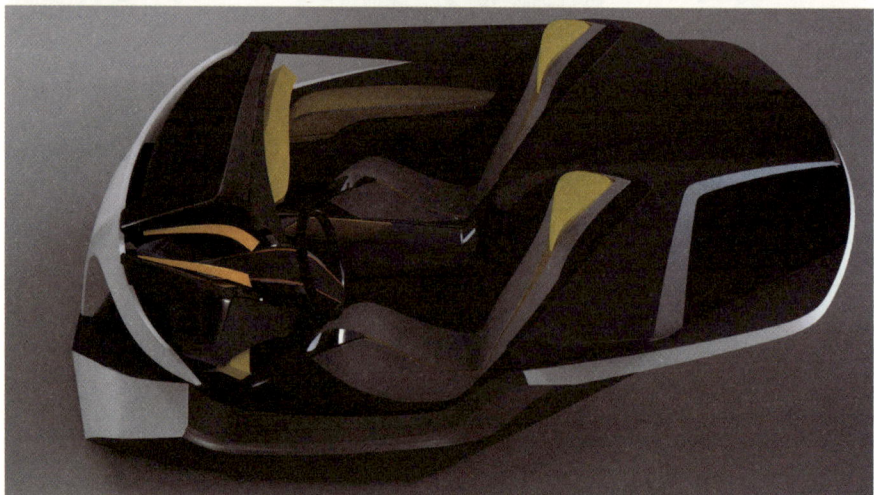

整体与细节渲染图展示

　　渲染图尽量保持与手绘草图及效果图的透视角度保持一致。这样便可以看到草图、效果图、电脑渲染图的统一度。整体与局部的,不同角度都应多渲染几张图,更充分地诠释你的设计。

6.6 1:4 模型铣削与制作

ABS 模型铣削

　　模型铣削是使用 CNC 数控铣床对 ABS 功能塑料或亚克力等材料加工成型的过程，模型的加工也是对我们前期数据模型的检验，建模面曲度和分件都是一个极大的考验。最终铣削完毕的部件在打磨加工完毕后要能重新组装到一起。

　　图为铣削得到的模型部件。

　　模型部件打磨光滑，喷底漆再打磨，以便于后期的喷漆过程中油漆的附着和光滑度，以达到高仿真效果。

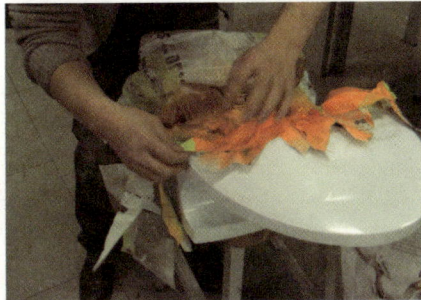

模型喷漆过程

　　完成所有部件之后要进行精细打磨，在这之后就要进行喷涂，按照之前设计好的色彩效果，进行喷漆等处理。喷漆时应注意，先将面积较小的颜色喷涂，干燥后，将其用模型胶带粘好，防止油漆喷溅，细节线条或装饰可用勾线笔蘸油漆手工完成,晾干喷完漆的部件,待晾干后再进行组装拼合。

　　模型完成后，若条件允许，可在影棚中进行专业的拍摄，拍摄角度也应尽量与草图、效果图透视角度相同，确保一致性，可放入最终的展示中，会得到很好的效果。

1;4 内饰设计模型细节展示

　　最终模型展示可根据展台与展厅色调，选择相应颜色的地毯或衬布，必要时，可以加装射灯，无论什么方式最终目的是确保良好的展示效果。

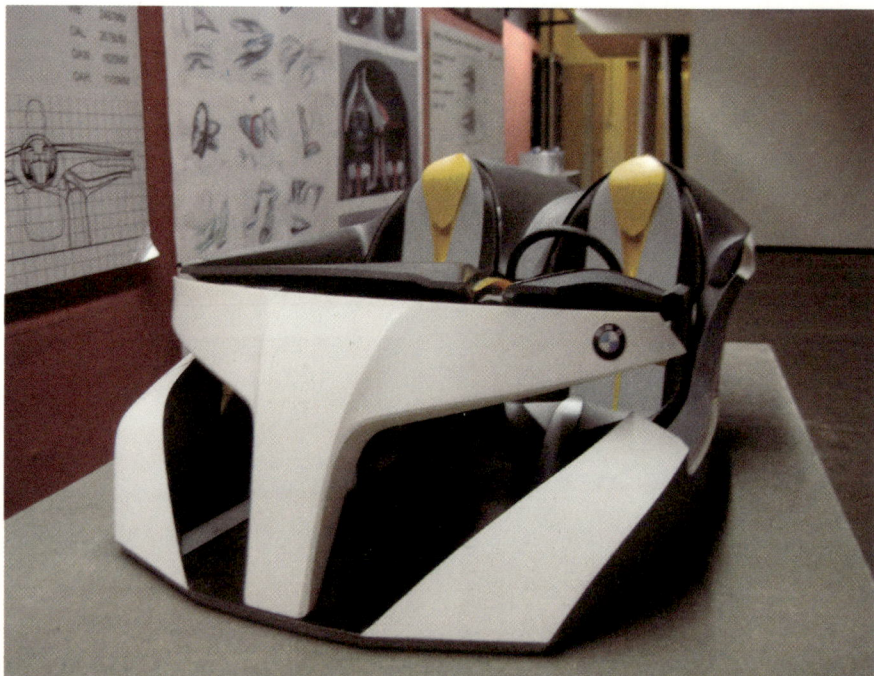

场地布置 / 展板模型照片

　　汇报展示是我们的重要学习能力之一，作为设计师，不仅仅是在项目设计方面具有一定的能力，同时也要具有一定的设计表达能力，汇报展示直接反应我们对设计的理解与表达。相信好的汇报与展示对我们设计营销有着至关重要的作用。整个设计制作过程尽可能多拍照片，展台完成后也要尽可能多，可用于今后个人作品集以及对外宣传海报等。

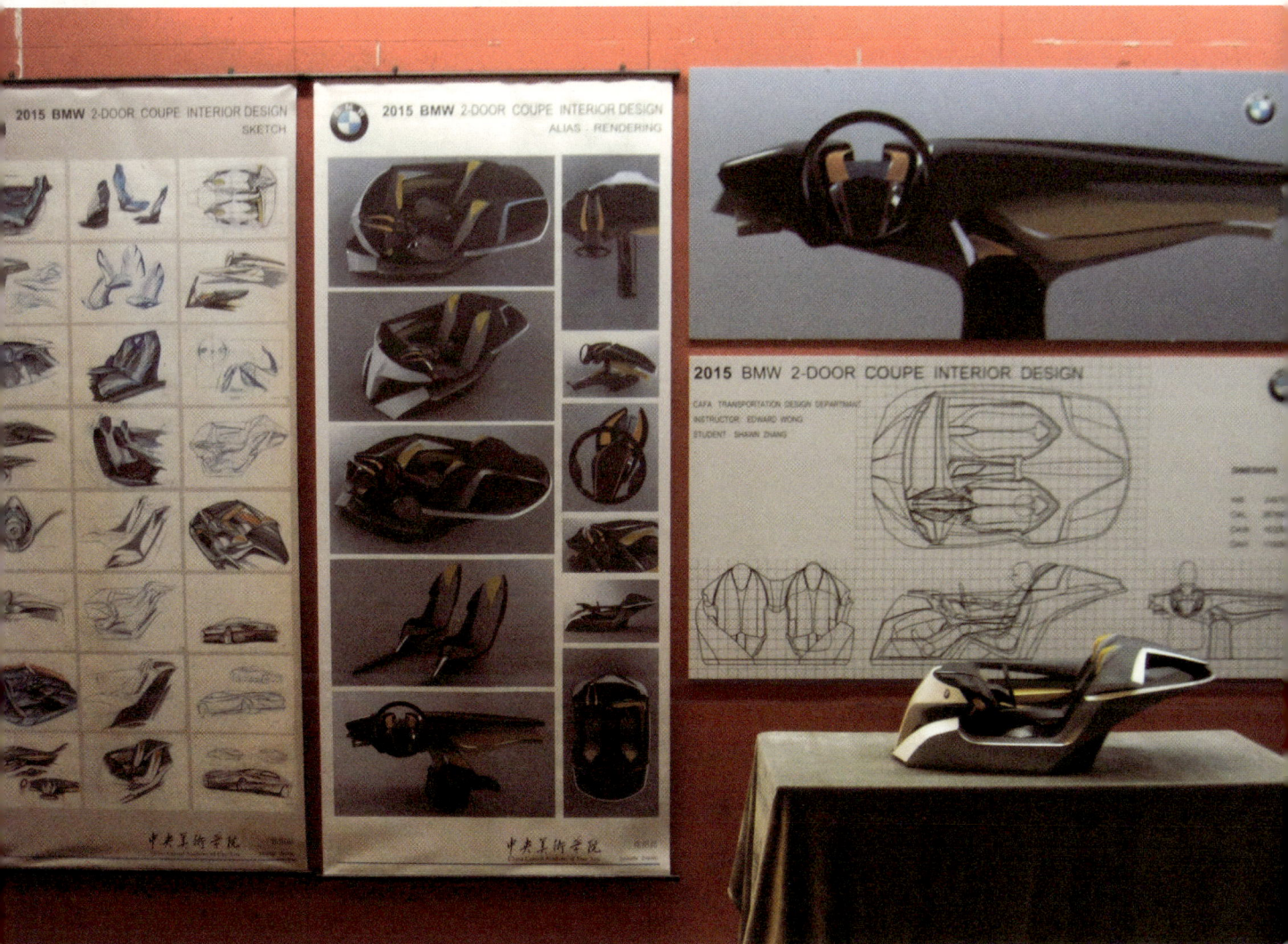

1:4 内饰设计模型细节展示

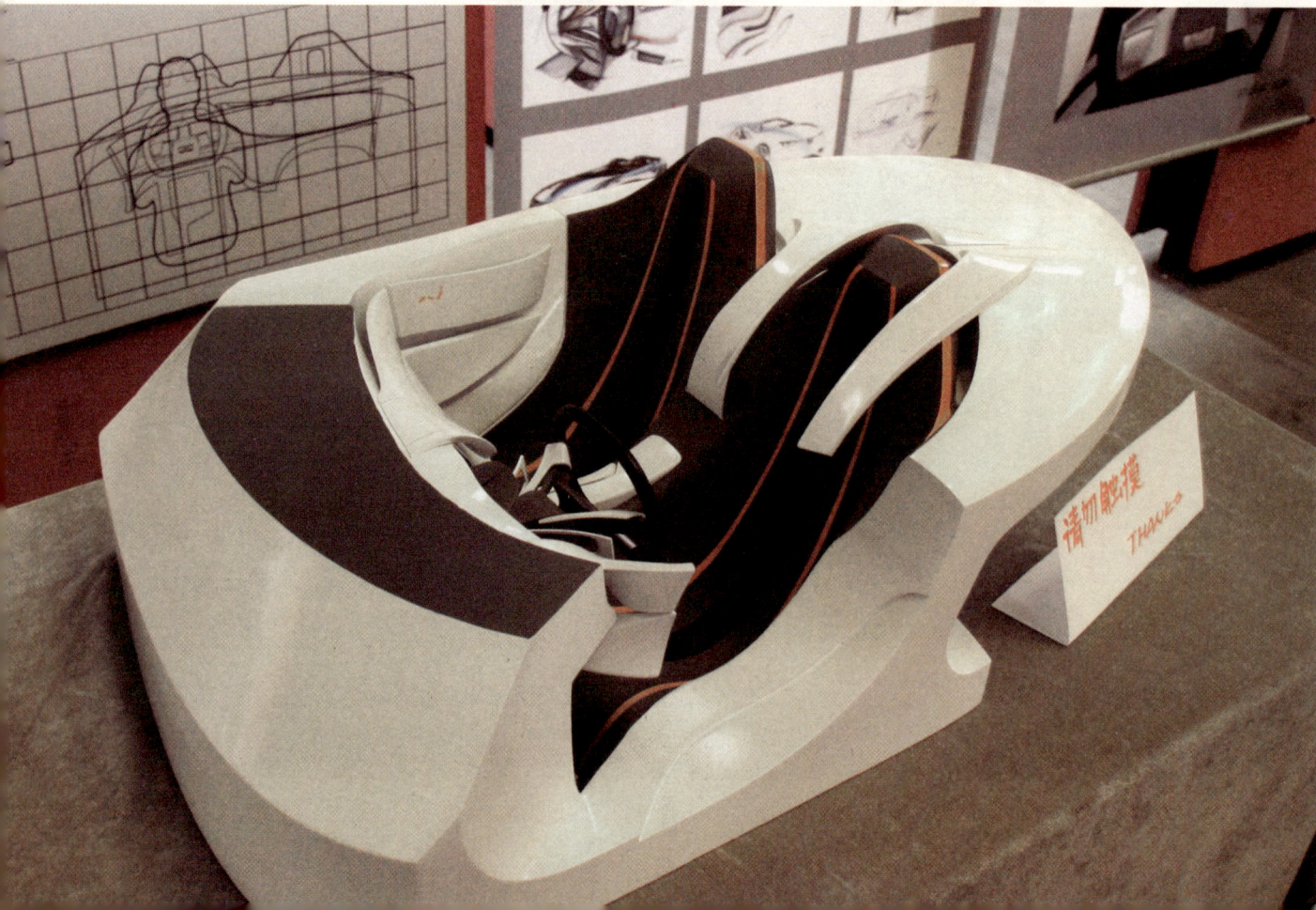

学生汇报效果展示

草图、电脑效果图、布置图、等比例表台效果图、实体比例模型——段竣青作品。

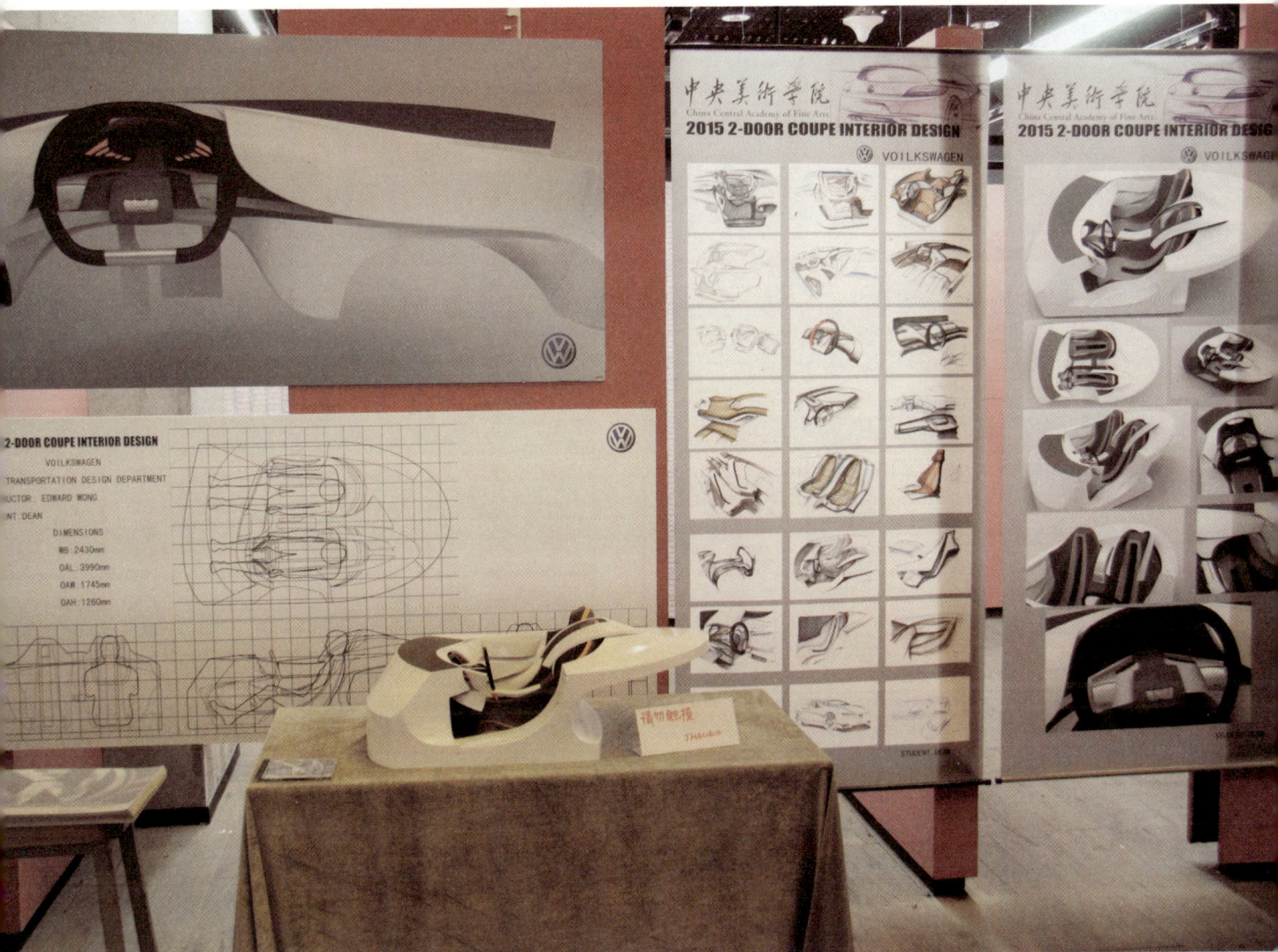

RENDERING

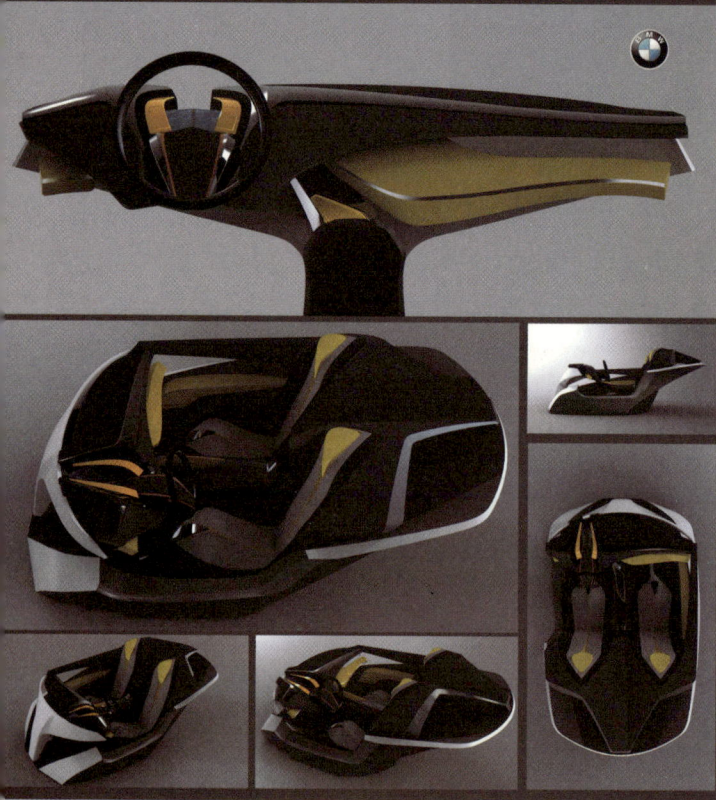

SKETCHS

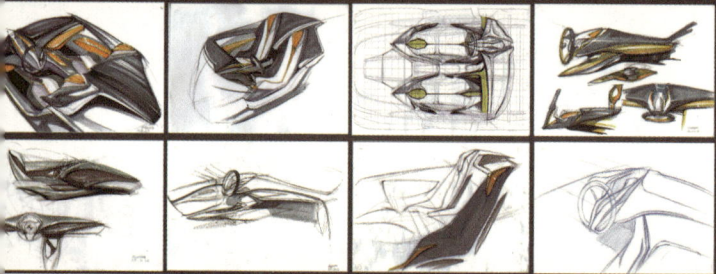

PACKAGE DRAWING

2015 BMW 2-DOOR COUPE INTERIOR DESIGN

CAFA TRANSPORTATION DESIGN DEPARTMENT

INSTRUCTOR: EDWARD WONG

STUDENT: SHAWN ZHANG

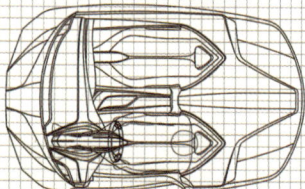

DIMESIONS

WB: 2497MM

OAL: 2676MM

OAW: 1620MM

OAH: 1100MM

RENDERING

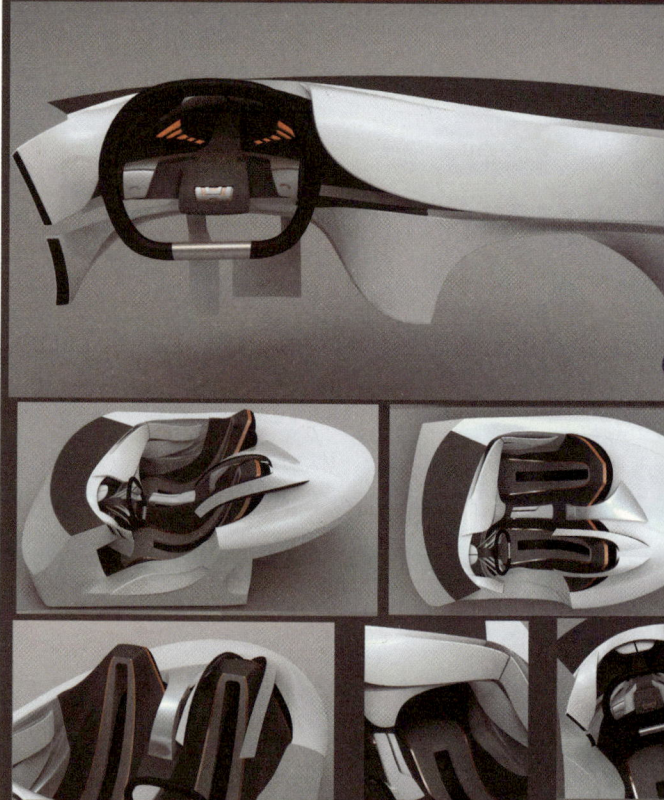

SKETCHS

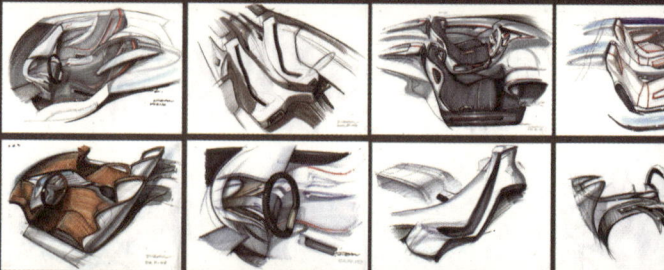

PACKAGE DRAWING

2015 2-DOOR COUPE INTERIOR DESIGN

VOILKSWAGEN

CAFA TRANSPORTATION DESIGN DEPARTMENT

INSTRUCTOR: EDWARD WONG

STUDENT: DEAN

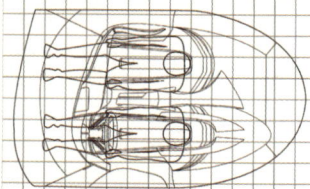

DIMENSIONS

WB: 2430mm

OAL: 3990mm

OAW: 1745mm

OAH: 1260mm

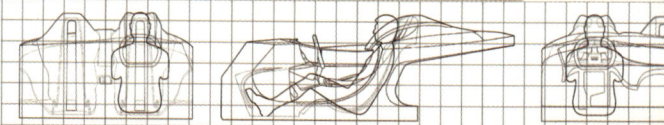

NG / RENDERING

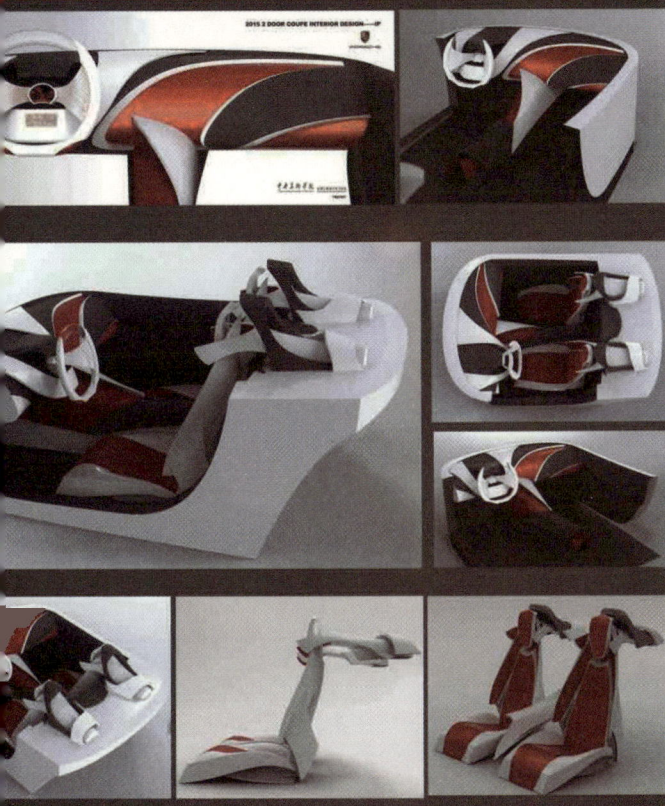

RENDERING

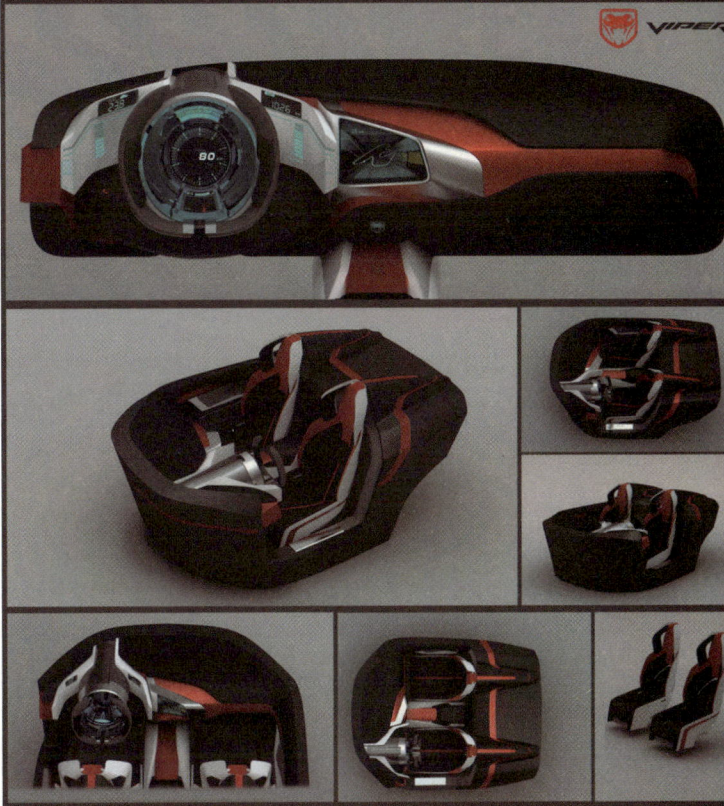

S / SKETCH

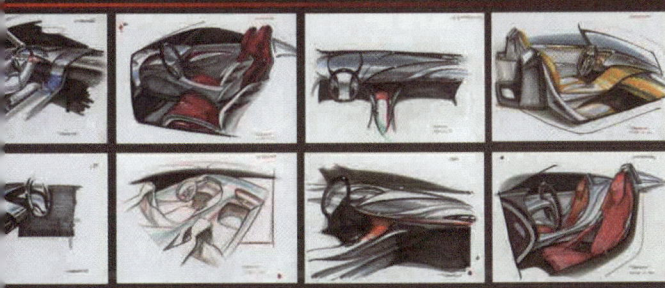

SKETCH

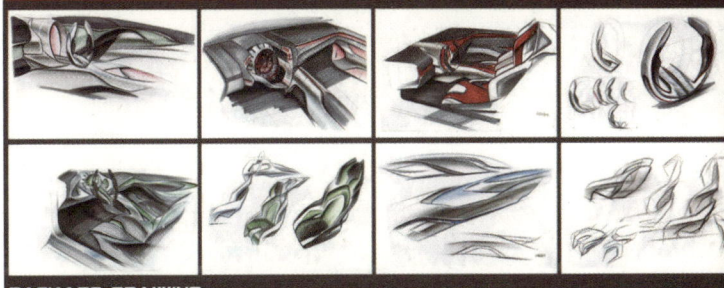

GE DRAWING / PACKAGE DRAWING

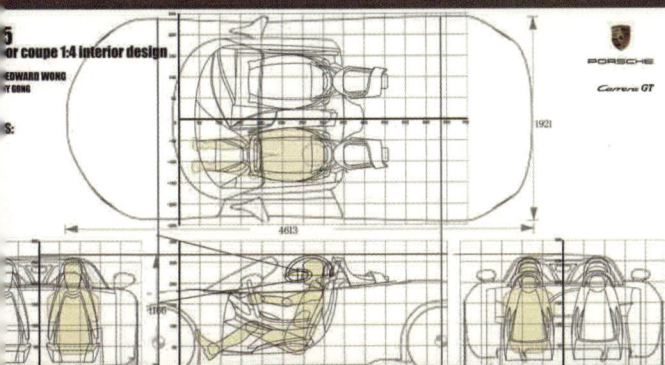

5
or coupe 1:4 interior design
EDWARD WONG
Y GONG
S:

PORSCHE
Carrera GT

1921
4613

PACKAGE DRAWING

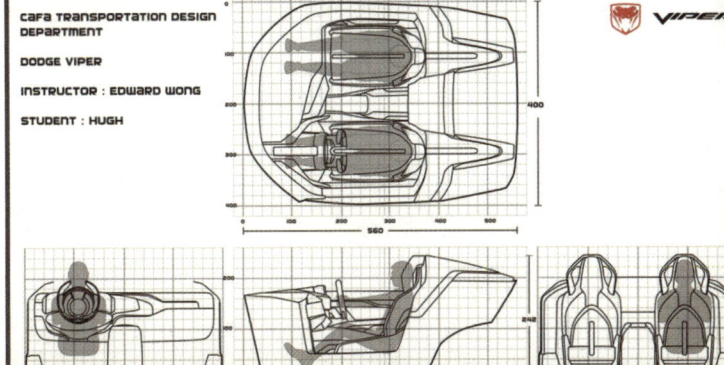

CAFA TRANSPORTATION DESIGN
DEPARTMENT

DODGE VIPER

INSTRUCTOR : EDWARD WONG

STUDENT : HUGH

VIPER

400
560

1:1 内饰设计
1:1 Interior Design

/ Chapter 07

　　方案落实到产品上，在这个过程中从草图绘制、效果图绘制、布置图、模型制作到最终展示，需要很好的团队协同合作，有良好的计划时间掌握和对大尺度差异变化的把控。

　　在这一课题中，设计方案的调整，框架的制作，材料的挑选，细节的设计和制作，实际乘坐的体验都是大家要经历与思考的方面，同时，包括手绘技法、Photoshop 效果图、全尺寸布置图制作、展示模型制作、色彩及材料与人机工程学等众多方面的研究。

　　课程从车型及市场调研入手，通过大量的草图，引导学生进行独立思维发散，整个过程由小组的形式完成，同时锻炼学生进行协同合作能力和意识。在动手制作方面，通过全尺寸比例模型这一具有挑战性的项目，来提升学生对实际车辆比例的把握能力。整个课程秉承了本专业对实际行业开发过程的影射，不仅提高了学生的各项专业能力，也让其更加了解实际行业情况，对学生今后进入企业工作打下很好的基础。

7.1 调研与选择

1;1 内饰设计虚拟课题设置为 2015 年奔驰 C 级轿车，课题题目是为下一款量产车内饰设计。

品牌调研

内饰课题中，大家需要对所选品牌的内饰特征进行调研，了解品牌自身特色、发展趋势，及未来概念的创新。这一部分类似于我们前面所讲到的内饰设计。

在内饰课题中，更多的是与人有关的设计，与人有关的功能，在驾驶的过程中，人们的绝大部分时间是处于驾驶舱内部的，是被内饰所包围的一个状态，内饰的设计会对驾驶者与乘客有着直接的影响，当然也会对设计产品的销售有着直接地关系。一个出色的内饰设计既会让人赏心悦目，又能提高驾驶者的乘坐感受。

参考车型试驾

在设计流程全面铺开前，同学们需要对车的切身体验，包括视野、操作面板、乘坐感受、驾驶感受、车厢内部细节、材料及配色的影响等。为此汪教授建议同学们到奔驰的 4s 店参观试乘，对车厢内详情有一个深入的了解与感受。大家在确定设计车型后，尽量可以到品牌旗舰店试乘一下。行业设计中也多参考样车，汪教授建议学生们这样去做，也是与行业的流程接轨，形式不同。建议大家在平时也尽量多去 4s 店考察或者试乘，这也是对专业知识逐渐积累和认识的方法之一。

汪教授为学生讲解人机关系

因人机工程学相关知识内容庞大，本书不一一进行描述，具体知识可以参考国内外相关书籍及网络资讯。

7.2 草图与效果图绘制

马克笔与色粉表现

整体效果图

    绘制更加细节的彩色效果图，尝试更深入的设计细化和更多的色彩搭配方案，既要符合品牌定位，还要符合用户群体的色彩喜好。

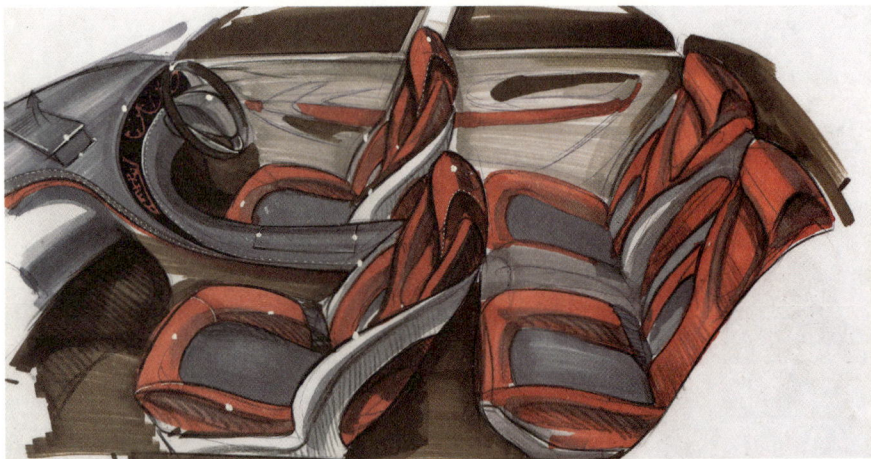

色彩搭配及运用

    大家可以在 64 开大小的小草图上填充不同的色系，绘制小色稿，专门研究色彩搭配。色彩搭配要从前期调研材料中分析得来，比如运动型车内饰色彩，豪华型内饰色彩，家庭用内饰色彩等都有他的代表色系或者大概的色彩效果。设计的时候不能太偏离所选设计方向的感觉，最重要的是对用户人群的考虑。

    基本上在这个阶段会需要至少 5 套以上的色彩搭配方案小稿（包括基本的色块和区域划分），再下一步选出 1~2 套进行细化色彩搭配，当然其中要考虑到相同颜色不同材质的可能性。

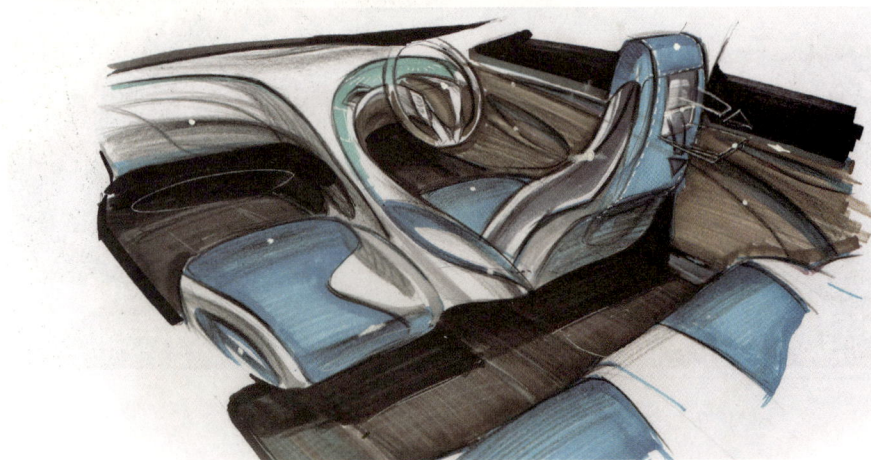

深入表现

　　选出 1 个方案最终定稿，就意味着我们的色彩方案和设计语言的确定。接下来的工作就是把这个设计深入下去，切线位置、材质分布、细节的设计都成为我们下一步重要的工作。

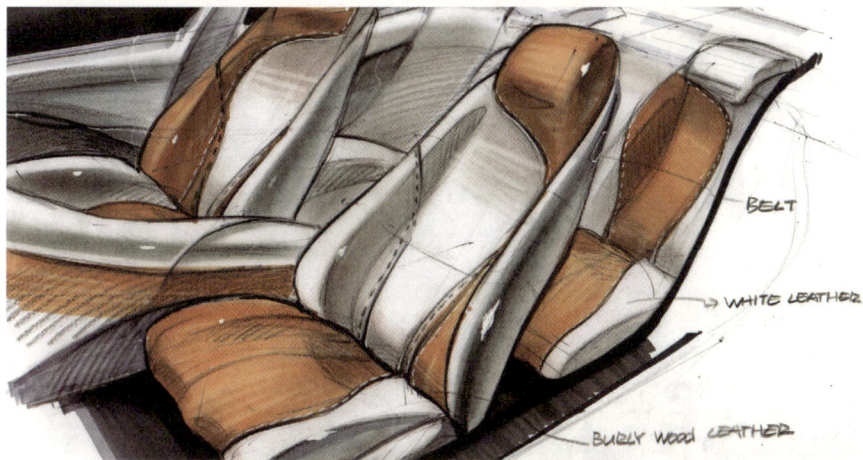

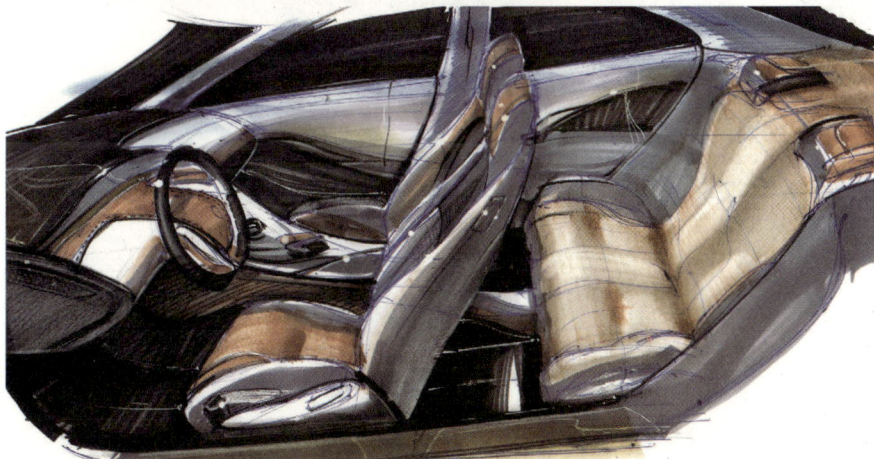

局部细节效果图

　　选中最终方案后，设计图就要细节化了，内饰的座椅纹理、仪表板、档把、方向盘等细节都要开始深入地设计和细节的刻画。这个过程中最重要的是在配合设计方案的前提下，每个小的部件都需要具体的设计，哪怕是一个门把手，一个按钮。需要极大的工作量和对整体设计的把握。

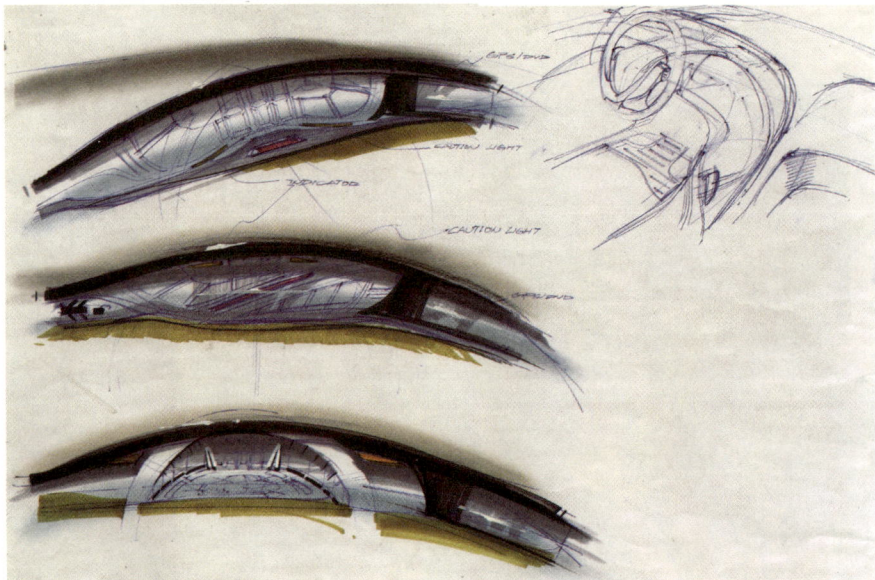

STEERING WHEEL

最终方案效果图

　　最终方案效果图的完整性也展示了团队协同合作的品质，效果图不仅要完善表达设计方案，还要细致入微，深入刻画要表现的细节。

TEAM 1

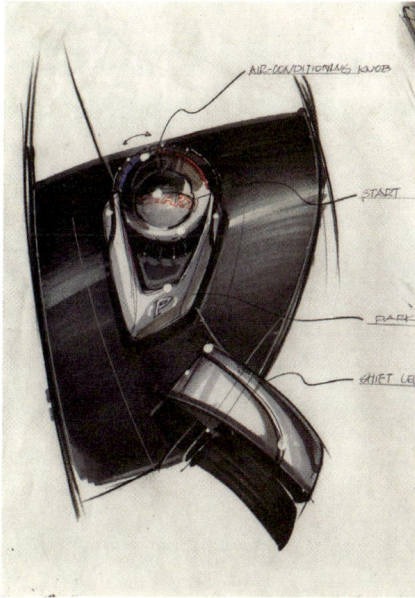

7.3 材质挑选

针对不同的设计方案，在设计过程中到了后期基本方案定下来的时候，就要开始实际考虑材料的使用，材料的搭配。到材料市场，寻找材料样品，贴到相应的图纸旁边作注解说明，因为在方案不断调整的过程中，材料的搭配也有可能发生改变，每次的搭配都要做好适当的注解。

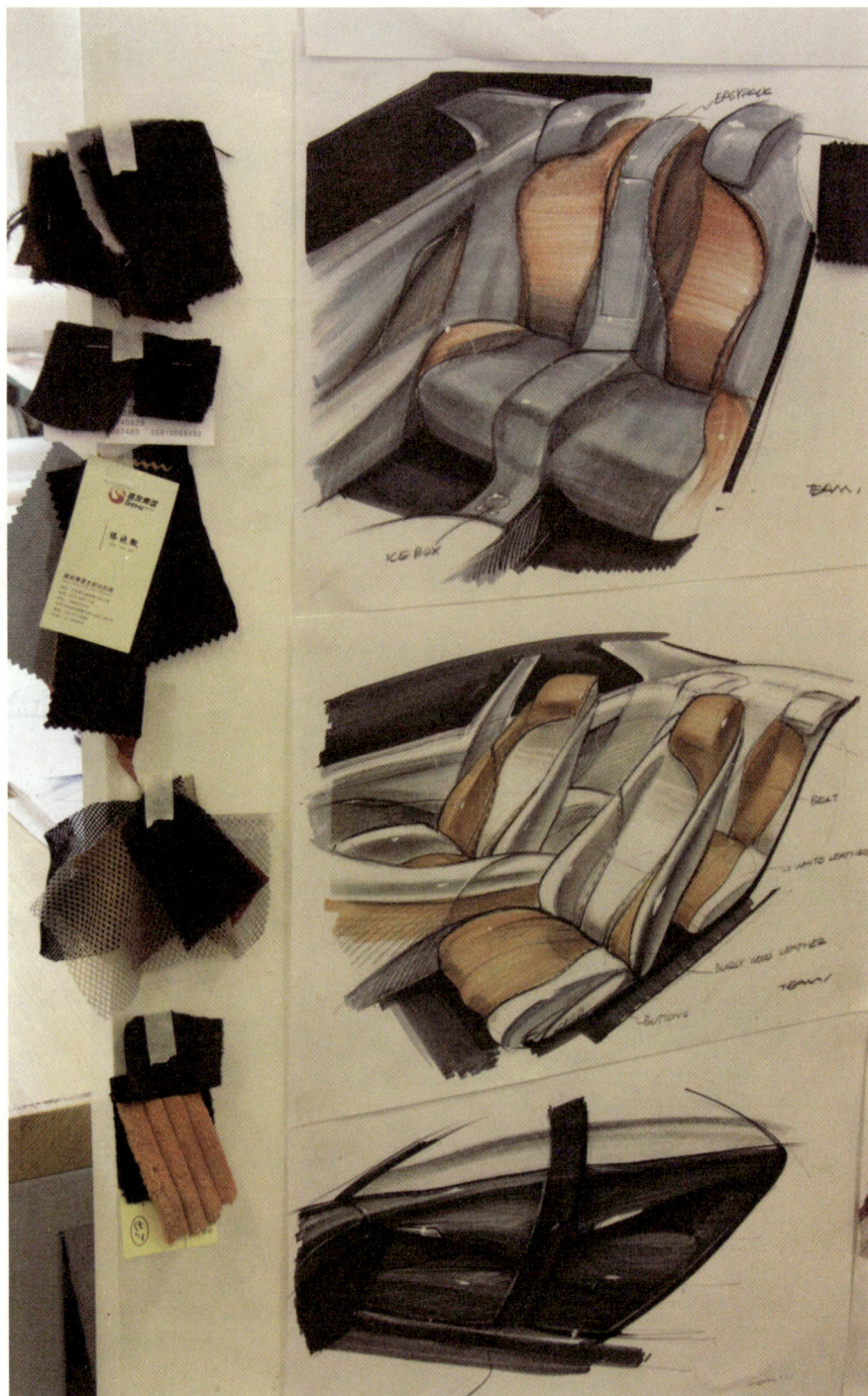

7.4 造型布置图

全比例造型布置图是进入模型制作前的关键步骤，也是我们前面书中讲到的二维到三维的关键。数据的确认将给下一步的制作带来直接的影响，首先要有原参考车型的内饰图纸作参考，以对比设计方案和原设计的差别，并且可以帮助监督设计方案的尺寸比例不要出现太大的偏差，以便及时调整。

胶带图

调线，完成四视图（后视图为 IP，前视图为座椅）

全比例胶带图贴图过程中最大的挑战就是对线的把握，一条长几米的线要按照设计的曲率均匀变化，这个过程是需要不停地调整练习的，所有的线要有粗细变化。

模型骨架与底座

参照布置图和胶带图，画出将要做的模型结构框架，标注出每块材料的长宽厚度等尺寸，计算出要购买的原材料的量。做好所有的计算后做出材料预算清单，直接去采购。

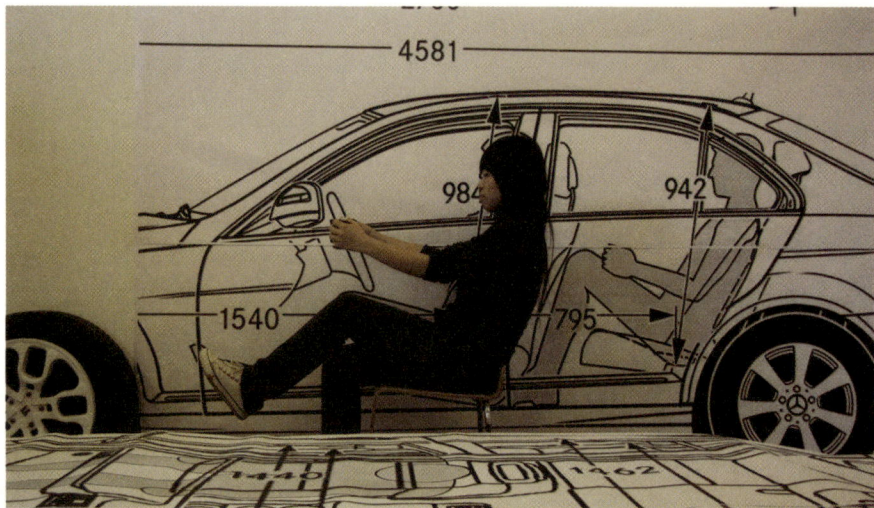

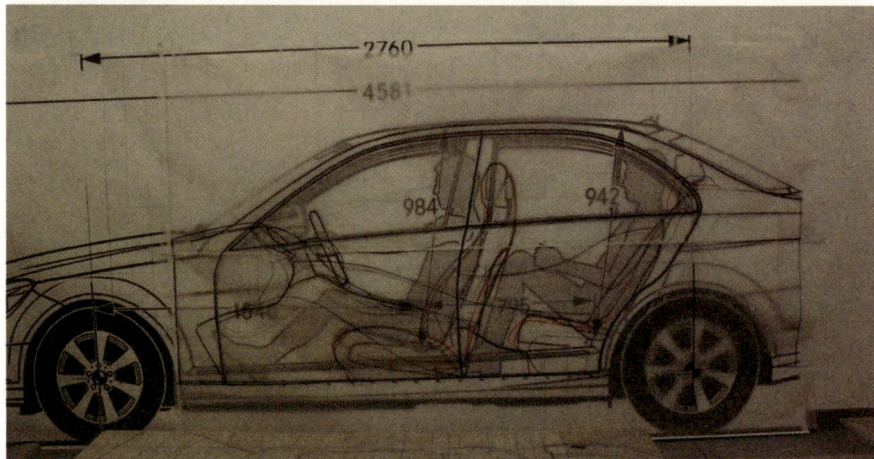

7.5 模型基础搭建

木板 + 泡沫搭建　模型材料准备

　　按模型搭建图 Buck Drawning，也可以再单独画一份木板和泡沫的组合示意图。按照示意图用电锯裁切好每块木板，并标号（以防后期组装过程中弄乱），同样裁切好泡沫，标好数字备用。

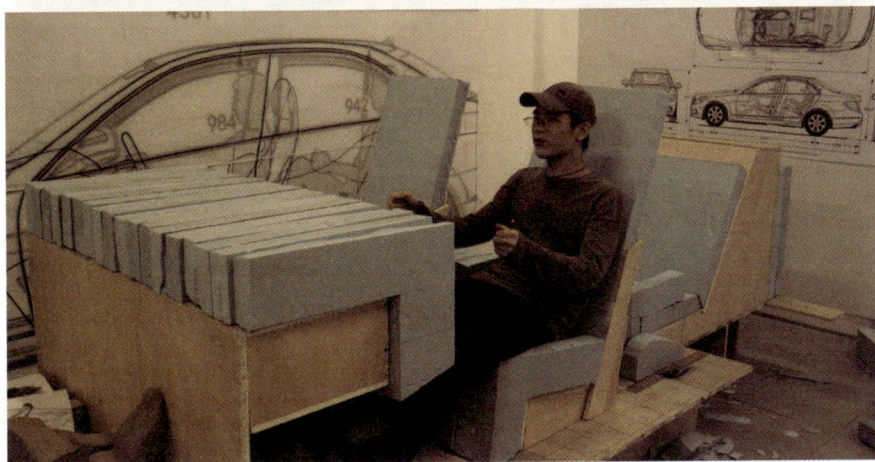

7.6 1:1 模型制作

模型制作 + 打磨

　　将所有模型骨架制作完成，按照布置图和模型搭建图 Buck Drawing 把裁切好的骨架木板和泡沫组装，粘合在一起，留充足时间等胶干后进行下一步的处理。必要情况下，或者需要加固的部位需要金属结构支撑，完成以木板和金属为核心的结构支撑，泡沫粘合，再按照胶带图进行泡沫打磨，打磨至泡沫形状尺寸符合胶带图尺寸（略小1~2mm，留出后期添加材质的余量），打磨过程中会产生大量粉尘，一定要带好口罩做好保护工作。

1:1 内饰设计 1:1Interior Design

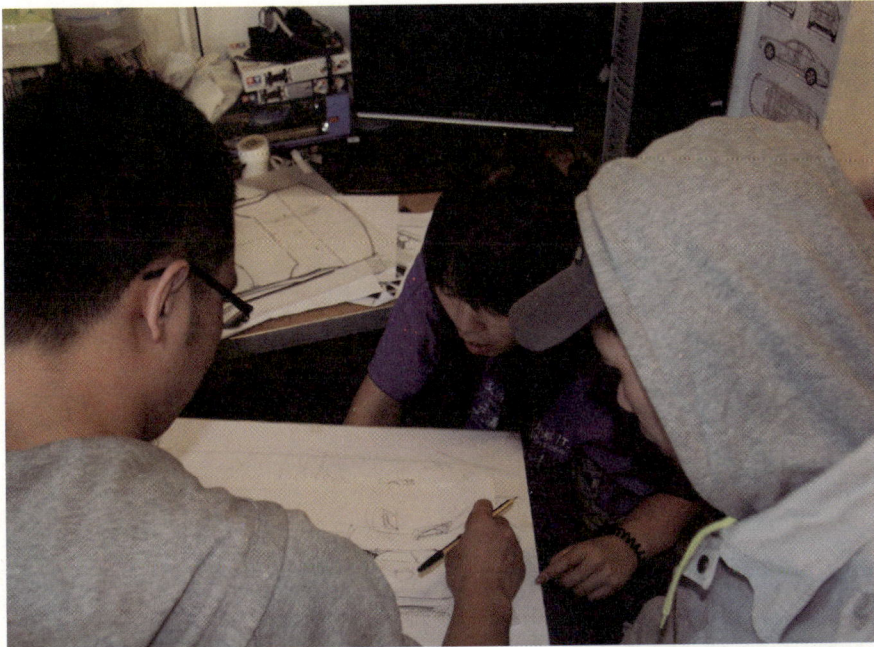

小组成员关于模型相关进行讨论，在进入深入细节之前，大家极尽可能地明确设计细节与分工。

中控台制作

中控台的功能在设计确认后进一步细化，将形态与功能调整至最佳状态。制作过程中要注意每个功能区域与按键的位置，方向、大小等都需要进行具体的考量，明确空调口与导航显示等位置的功能性与合理性，需要以人的操作为准。这一部分的设计极高地体现人机关系的重要性。也是内饰设计的重点和难点之一。

泡沫质地相对容易塑型，在打磨过程中的细微缝隙可直接用油泥填充，进一步抹平即可。

191

Automotive Design 汽车设计

模型整体打磨

　　泡沫结构大的形态已具备，进一步完成每一部分结构，严格按照布置图的数据制作，直到与布置图一致。

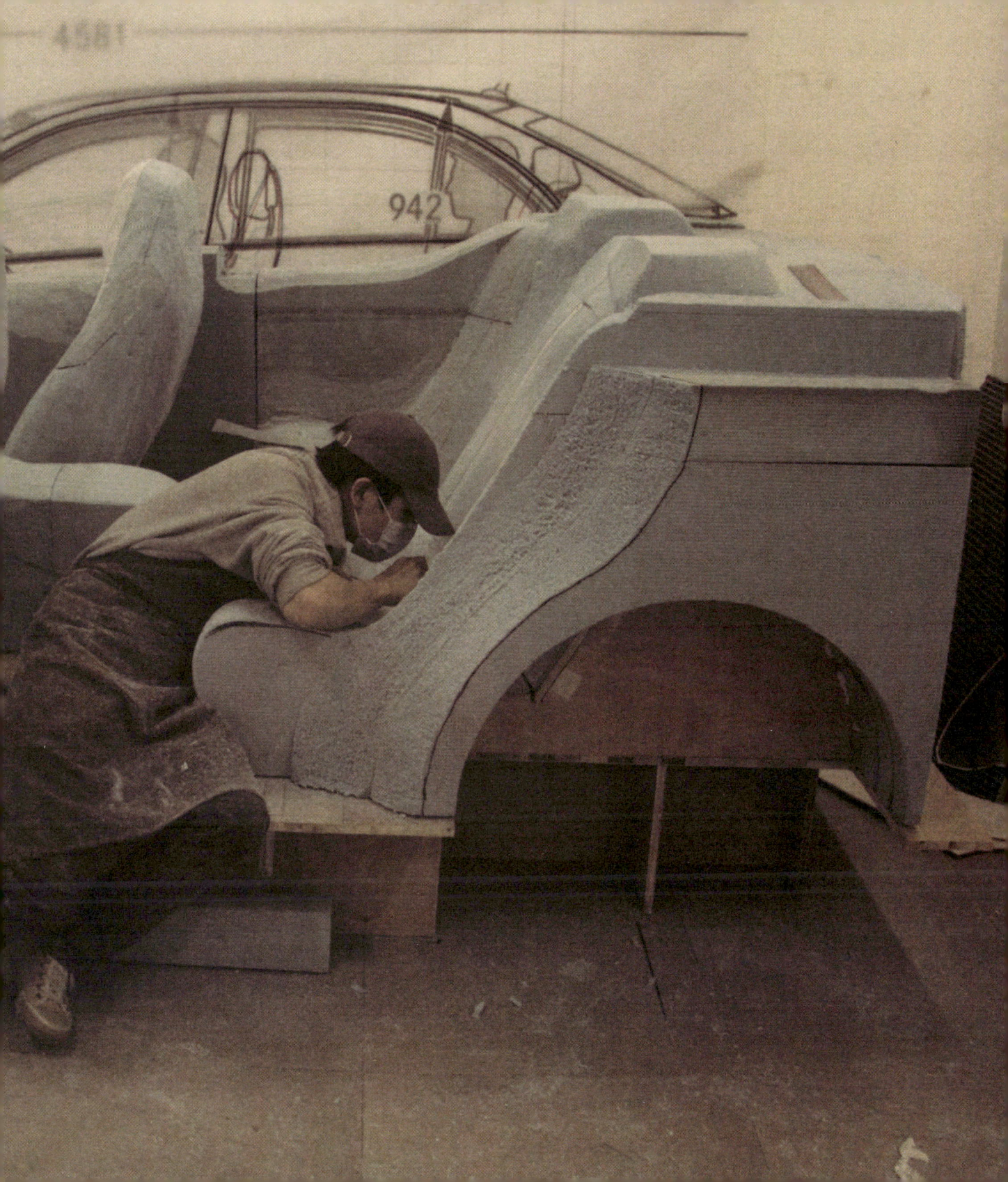

方向盘制作

方向盘制作算是模型制作需要重点考察的地方，首先要做到方向盘的转动，其次是方向盘的安装位置高度、倾斜角度、手握舒适度等。

设计方案确定后，可以通过三维渲染软件快速表现配色与材质，以供参考。

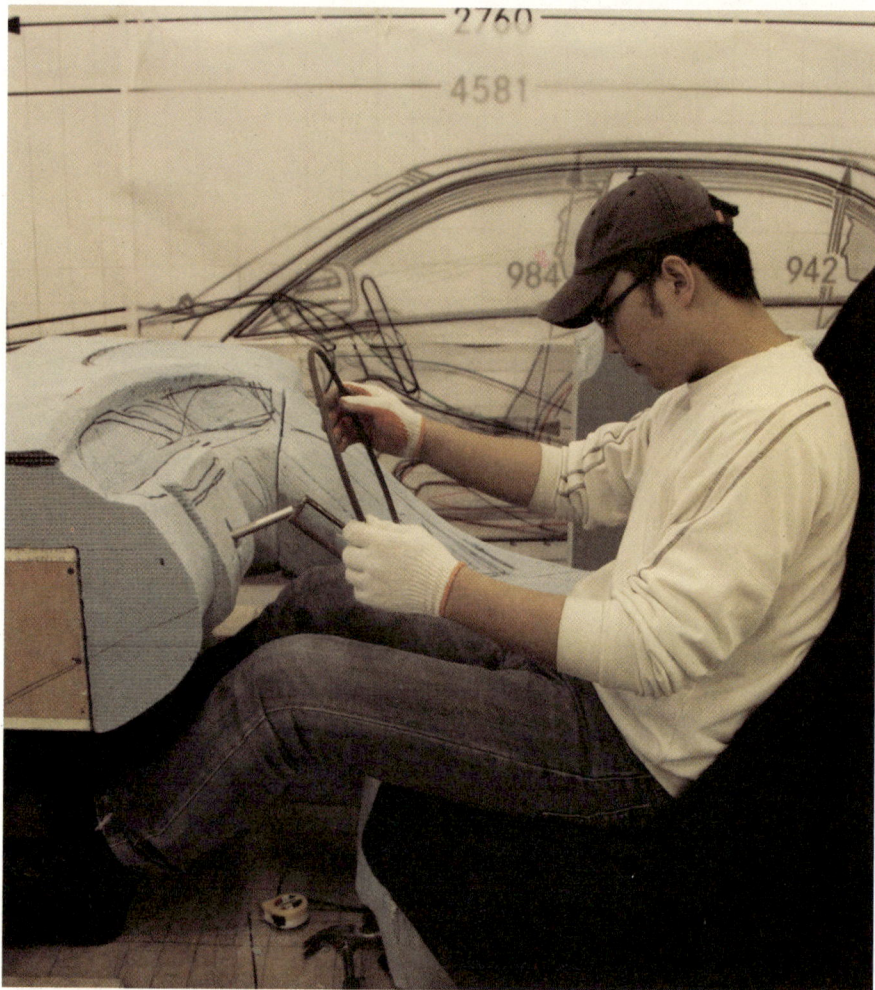

核心钢筋龙骨，用泡沫苯板铣削细节零部件

钢筋龙骨与泡沫部件预装

座椅制作

　　座椅首先要还原设计的颜色和材质，在材质包裹过程中，注意分缝的位置和粗细，材质的搭配如果在此时不合理也要做到及时地调整。座椅的包覆还要注意舒适度，也就是介于泡沫和皮革等材料之间的海绵填充。根据模型要展示的效果来选择海绵的厚度。座椅的储物空间和控制按键的设置要合理地设置在操控范围内。

座椅材质包裹准备

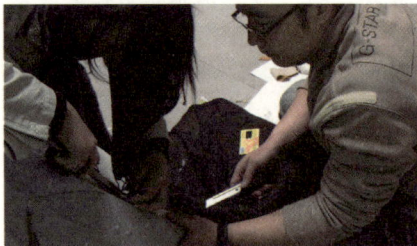

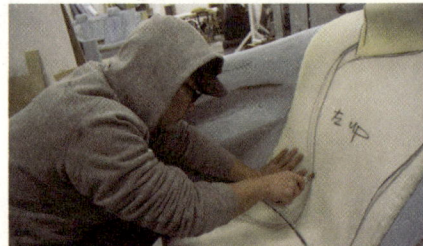

座椅材质包裹过程展示

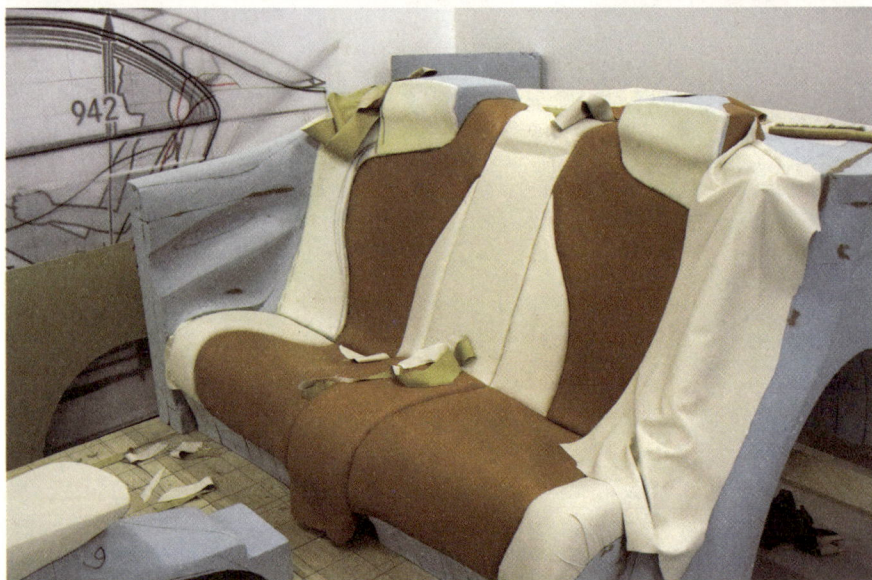

细节处理

　　苯板泡沫铣削，铣削加工完需要打磨拼装并且喷涂颜色。

部件制作

　　仪表盘部件铣削要做好功能分区和大小面积的划分，以符合驾驶的需求操控部件铣削。

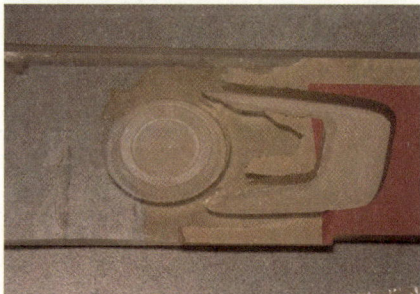

仪表盘制作

　　仪表盘处理上最好不仅在细节设计上达到真实，在制作上也可以使用灯光等模仿真实的使用效果。
　　显示膜颜色测试要测试几个不同的深浅效果，再选择最合适的显示灯光测试。

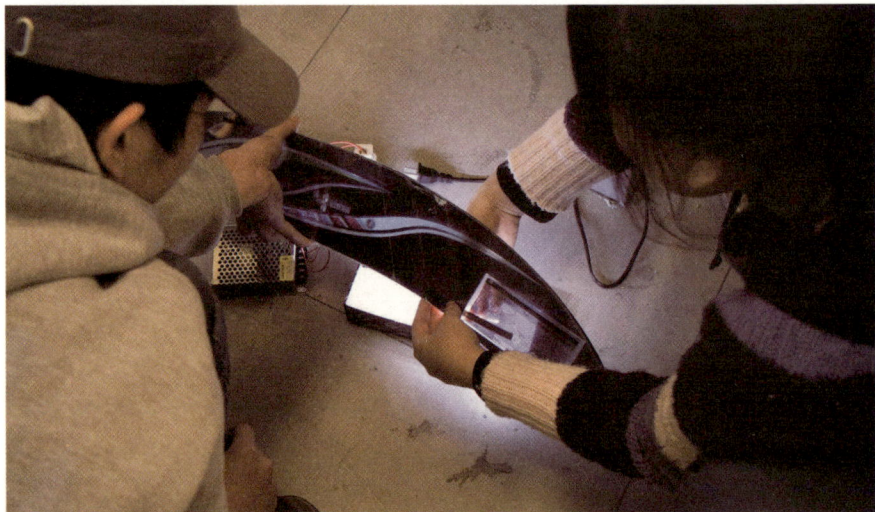

最终灯光效果

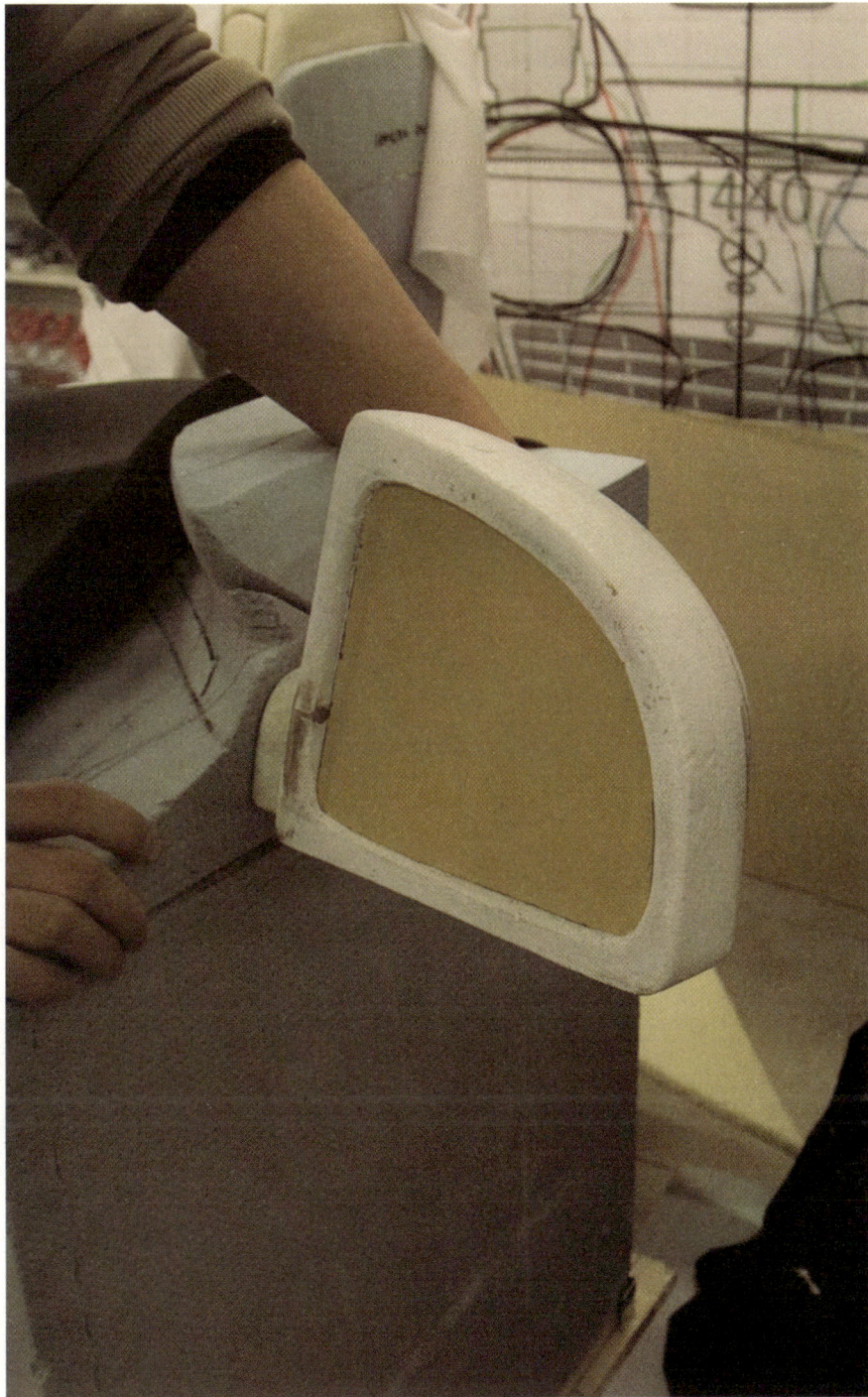

功能部件制作

　　操作按钮的制做也是要做到基本的可动，尽量做到真实可信，除美观设计感外也符合乘用者的使用方式，人机工程的基本要求。

　　门内板制作：同时也包括门板上的音响、扶手和开门把手、控制开关等。它们的位置、材质的选择和分割是至关重要的。

　　倒车镜制作：倒车镜在模型整体上表现了汽车外部的尺寸，让设计方案在整体上更具有真实感。

Automotive Design 汽车设计

模型完成及设计汇报

　　场地布置，放置好模型。接好所需电源，贴好展板。

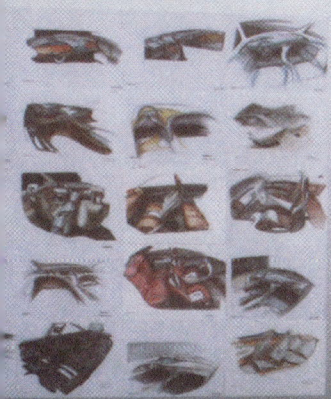

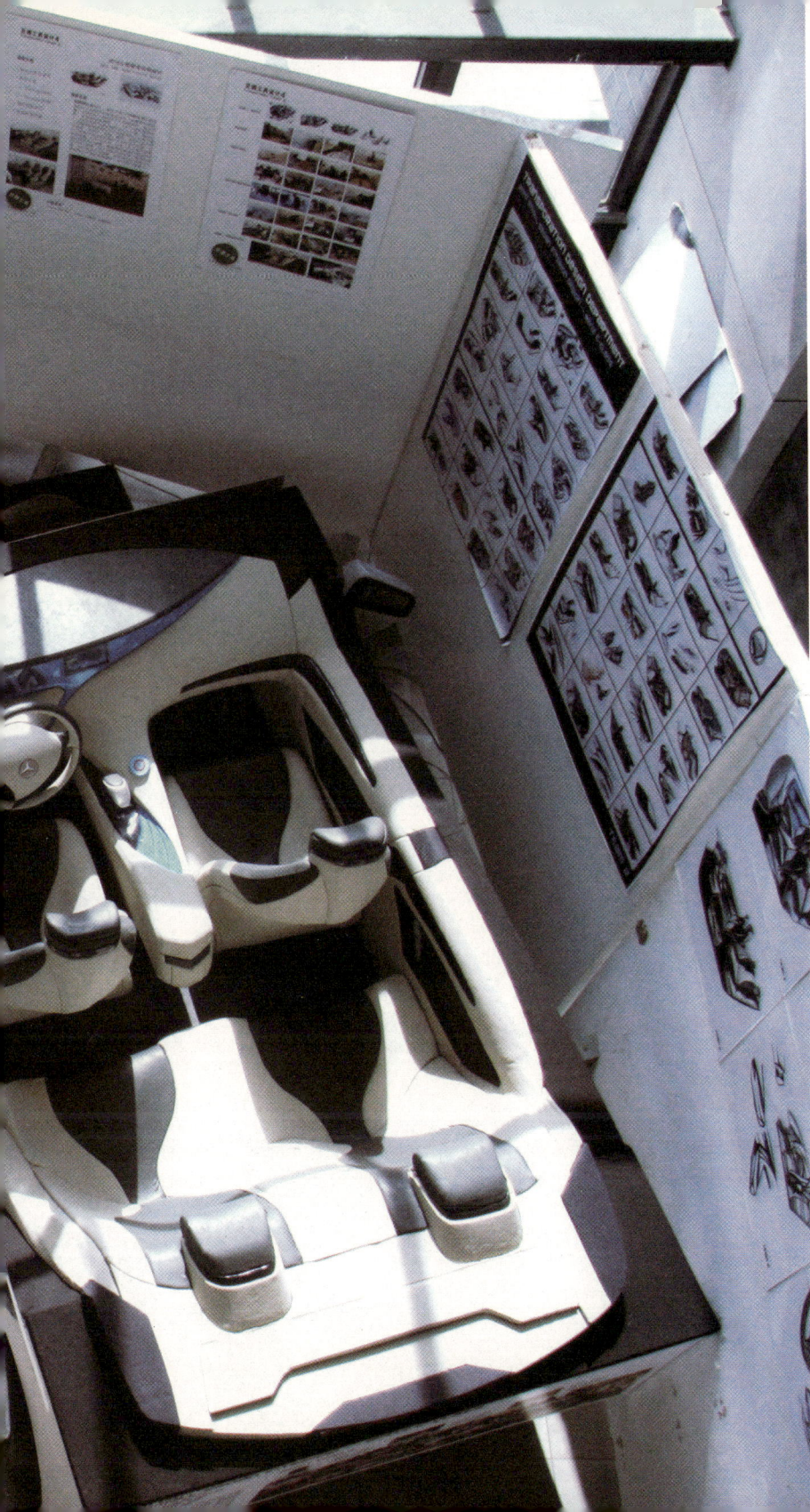

1:1 内饰设计 1:1Interior Design

1:1 内饰设计方案汇报展示

　　最后让我们欣赏另外几种除了轿车以外的交通工具内饰设计方案的汇报展示。

205

1:1 私人飞机内饰设计方案

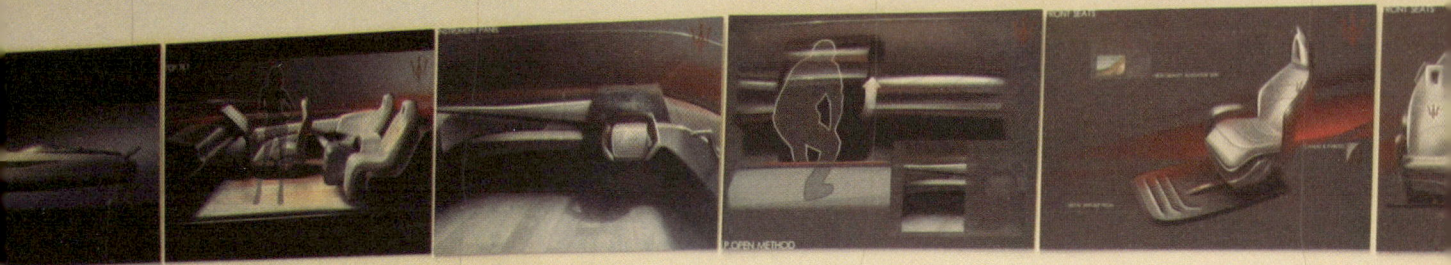

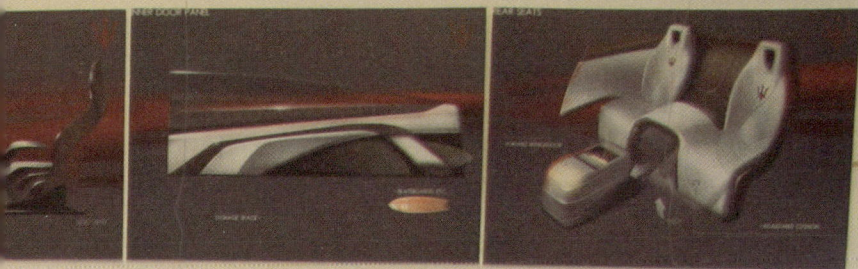

1:1 私人游艇内饰设计方案

1:1 SUV 内饰设计方案

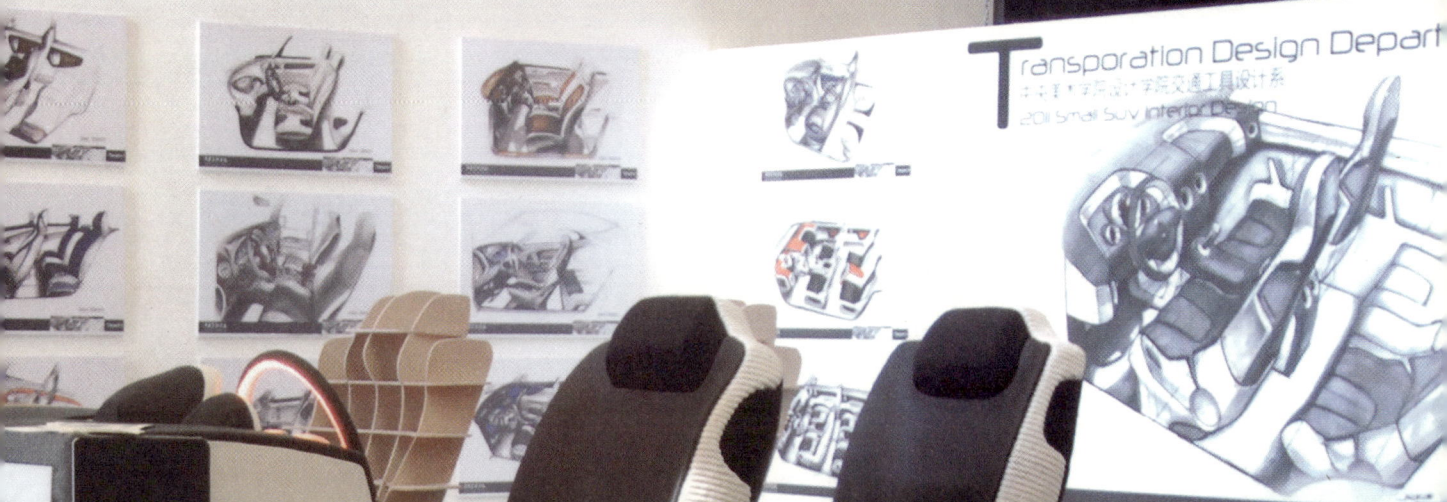

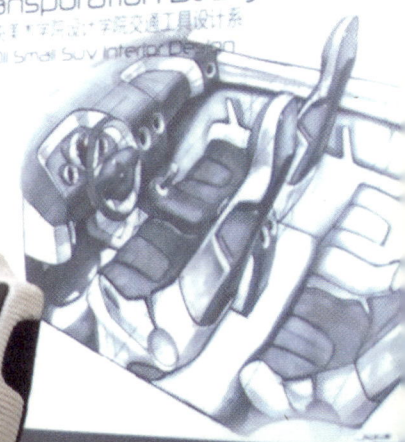

汪镇宇教授（Professor Edward C.Y. Wong）具有 20 多年的国际汽车行业经验。他在 1987 年毕业于美国 Pasadena Art Center 设计学院，获交通工具设计学士学位，成为该届通用汽车公司设计奖学金唯一获得者，同年就职于通用汽车总部，成为进入该公司的第一位华人设计师，也是当时最年轻的设计师。之后，陆续为多间汽车设计公司担任顾问，其中包括斯巴鲁、本田汽车、IAD（国际汽车设计）、CALTY（丰田汽车）、Dome & Jiotto Design、菲律宾丰田汽车和 Francisco 汽车公司。1994 年，汪先生在菲律宾开始了他自己的汽车公司 CYTA Motors，批量生产了旗下的第一批越野车，受到菲律宾政府的关注，随后被菲律宾政府邀请设计菲律宾的人民汽车。

1997 年，获得美国 Pasadena Art Center 设计学院交通工具设计硕士学位，成为第一位拥有该学位的华人，并相继任教于 Pasadena Art Center、香港理工大学、浙江大学等。其中在香港理工大学任教期间，创立了香港第一个汽车设计工作室 (TDU)，为香港理工大学引进了第一个汽车设计项目，并为南海福迪汽车公司完成了新皮卡车的改型设计，而该款车型至今仍在量产中。经过这一个史无前例的项目，开创了香港创造汽车的历史。

近年来，在国内为郑州日产、南海福迪、天津一汽、北京吉普等多间汽车公司提供设计服务，其中为北京吉普设计的新一代军车"勇士"，最能体现出我国军威，被国家指定为第二代军车。

关于作者

2007 年创立了北京准卓交通工具设计有限公司，为支持国内汽车行业和教育发展，其中与北京汽车研究总院进行多项汽车研发项目合作。在 2008 年为北京汽车研究总院设计的"北京 700"、"北京 700R"、"北京 800"以及北京汽车标志，让北京汽车得到国际媒体非常高的评价，而且为北汽树立了该品牌的未来发展方向。同年 9 月 1 日，汪先生正式担任中央美术学院交通工具设计系（CAFA TDD）系主任，全面主持和发展央美交通工具设计系。CAFA TDD 在汪教授及各位领导的带领下，用 2 个月的时间达到了以往 5 年尚未达到的教学水平，3 年时间将中国第一套汽车设计教育系统完成，带领学生们连续 4 年获得国际知名汽车设计新闻网 Cardesignnews 举办的中国汽车造型设计大赛各项大奖，吸引了国内外汽车企业与行业的广泛关注与认可，并于 2014 年获得该大赛的最佳院校奖项。

2012~2014 年，汪镇宇教授与北京汽车集团密切合作，完成"勇士"军车第二代造型设计，继续为中国本土汽车行业作出贡献。